Barbara Knab

So kommt Ihr Kind gut durch die Schule

W0052175

Barbara Knab

So kommt Ihr Kind gut durch die Schule

30 Tipps für Eltern

KREUZ

MIX
Papier aus verantwor-
tungsvollen Quellen
FSC® C106847

© KREUZ VERLAG
in der Verlag Herder GmbH, Freiburg im Breisgau 2013
Alle Rechte vorbehalten
www.kreuz-verlag.de

Umschlaggestaltung: Verlag Herder
Umschlagmotiv: © kristian sekulic / istockphoto.com
Autorenfoto: © Sylvie Köker

Satz: de·te·pe, Aalen
Herstellung: fgb · freiburger graphische betriebe
www.fgb.de

Printed in Germany

ISBN 978-3-451-61159-9

Inhalt

Vorwort

Menschenkinder sind grundsätzlich neugierig. Sie wollen unbedingt alles erproben und lernen, was sie dem Erwachsensein näher bringt. Manche nennen dieses starke innere Bedürfnis »Spaß«. Doch spätestens wenn es um die Schule geht, kann das leicht auf eine falsche Fährte führen.

Wir haben uns etwas eingerichtet, was wir gerne »Wissensgesellschaft« nennen. Das Wissen kann man nicht kaufen und nicht konsumieren. Es fliegt einem nicht in den Kopf und lässt sich nicht von außen eintrichtern. Wir können es nur erwerben, indem wir es uns aktiv aneignen. Völlig selbstständig schaffen wir das nur in Bereichen, in denen wir bereits einiges wissen. Das ist bei Kindern nicht der Fall, bei Jugendlichen nur punktuell. Deshalb brauchen sie kundige Experten, die ihnen dabei helfen, neues Wissen zu erwerben. Das sind die Lehrer.

Wie wir die Schulzeit gut gestalten, als Gemeinwesen, als Lehrkräfte, als Eltern, daran scheiden sich die Geister. Ich finde, wir sollten bei dieser Entscheidung die Wissenschaft zurate ziehen. Kognitionspsychologie und Lehr-Lern-Forschung wissen nämlich ganz gut, wie Kinder welche Kompetenzen in der Schule besser erwerben und was sie dabei behindert.

Dieses Buch wendet sich schwerpunktmäßig an Eltern, deren Kinder die Sekundarstufe besuchen. Da aber alles schon viel früher beginnt und niemals endet, ist es nicht auf diese Klassenstufen beschränkt – und natürlich auch nicht auf Eltern. Sogar Lehrkräfte werden das eine oder andere darin finden, was ihre Arbeit unterstützt.

Sie können das Buch von vorne nach hinten durchlesen – dann haben Sie vermutlich am meisten davon. Es geht aber auch anders, weil die einzelnen Kapitel in sich weitgehend abgeschlossen sind. Falls Ihnen dann ein Begriff neu ist, finden Sie ihn im Register.

Dieses Buch ist mir ein besonderes Anliegen. Es führt nicht nur meine wissenschaftlichen und publizistischen Schwerpunkte Schlaf und Kognition zusammen, sondern auch meine persönliche Geschichte. Schließlich habe ich ursprünglich Psychologie studiert, weil ich wissen wollte, warum so viele Jugendliche Schwierigkeiten mit Mathematik haben. Dass ich trotz meines Staatsexamens in Mathematik und Geografie dann doch nicht Lehrerin geworden bin, hat damit zu tun, dass ich dem Reiz der Wissenschaft erlegen bin.

Ich danke Imke Rötger vom Kreuz Verlag, die dieses Projekt angeregt und professionell begleitet hat. Ich danke vielen Teilnehmern in meinen Vorträgen und Seminaren zum Gedächtnis, die häufig kamen, weil sie mehr über das Lernen ihrer Kinder oder Schüler erfahren wollten. Und schließlich danke ich dem Informationsdienst Wissenschaft und der Bayerischen Staatsbibliothek, ohne die auch dieses Buch niemals entstanden wäre.

Barbara Knab

TEIL A
Im Unterricht Kompetenzen erwerben

Die Schule soll Ihrem Kind mitgeben, was es braucht, um ein gutes Leben zu führen. Das bedeutet heute auch: in einer hoch arbeitsteiligen Gesellschaft im Europa des 21. Jahrhunderts seinen Platz finden. Die meisten Erwachsenen haben eine Meinung darüber, wie die Schule das besser oder schlechter tun kann. Auch Experten vielerlei Provenienz stellen jede Menge Ratschläge oder Vorgaben zur Verfügung, wie »die Schule« das tun soll; tatsächlich handelt es sich dabei immer noch um Lehrerinnen und Lehrer aus Fleisch und Blut.

Der erste Teil dieses Buches handelt von Aspekten des Lernens, wie sie im sozialen Umfeld Schule vorkommen. Er konzentriert sich auf das Lernen selbst und seine Bedingungen, wie es die Psychologie als Grundlagenwissenschaft heute sieht. Das tut sie immer auf zwei Ebenen, der des Verhaltens und der des Gehirns. Sie können mit Recht erwarten, dass in »Ihrer« Schule diese Erkenntnisse berücksichtigt werden.

Als Eltern helfen Sie ihrem Kind, wenn Sie seiner Schule grundsätzlich positiv gegenüberstehen und dennoch kritisch begleiten, was es von dort mitbringt. Die Unterrichtsmethoden selbst jedoch liegen in der Profession der Lehrer. Die Lehrkräfte und Sie haben normalerweise das gleiche Ziel: dass Ihr Kind seine Kompetenzen erweitert und sich grundsätzlich wohlfühlt. In diesem Teil geht es deshalb auch darum, wie Sie als Eltern die kognitiven Vorgänge besser verstehen, die das ermöglichen.

1. Lernen braucht Verstehen

Alle Eltern hierzulande haben viele Jahre Schulen besucht. Von daher haben sie eine Meinung zur Schule und zum Lernen allgemein. Die meisten haben auch eine Vorstellung davon, wie Lehrer sein sollten. All das basiert auf ihrer eigenen Erfahrung, ihrem eigenen Nachdenken, dem, was das eigene Kind aus der Schule mitbringt – und dem, wie sie all das bewerten.

Wie viele unsere Bewertungen sind auch diese elementar, sie sind persönlich und sie sind uns wichtig. Wenn Menschen eine Sache extrem wichtig finden, sie aber völlig unterschiedlich bewerten, dann geraten sie schon mal in Streit. Für viele Eltern ist die Schule ein solches Thema. Deshalb hat es viel für sich, der Basis der Bewertung etwas hinzuzufügen, was man selbst in der Schule eher nicht gelernt hat: Wissen darüber, wie Menschen Wissen erwerben. Damit können Sie Ihr Kind besonders kompetent auf seinem Weg durch die Schule unterstützen und ihm die Freude daran erhalten.

Dabei kann es nicht darum gehen, wie die Lehrer ihren Unterricht gestalten sollen. Damit würden Sie in die Professionalität der Lehrer eingreifen, auch wenn die gelegentlich verbesserbar wäre. Für Sie als Eltern stellen sich eher Fragen der Art: Wie kann Schule, wie können Lehrer, wie können wir selbst das Lernen unseres Kindes im Hintergrund befördern, und wie vermeiden wir, es dabei unbeabsichtigt zu behindern? Am Beginn steht die Frage: Wie lernen Kinder und Jugendliche überhaupt?

Die Grundleistung des Gedächtnisses

Die grundlegende Frage nach dem Lernen ist psychologisch. Im psychologischen Sinn hat ein Kind etwas gelernt, sobald es eine neue Verhaltensweise zeigt, eine, die es zuvor nicht kannte oder beherrschte: Vielleicht benutzt es ein neues Wort oder den Konjunktiv, singt ein neues Lied, zählt drei und fünf korrekt zusammen, kann einen Stadtplan lesen oder auf einem Bein hüpfen. All das hat es nicht erfunden. Es ist ihm begegnet und im Anschluss hat es das gelernt. Gedächtnis beginnt, sobald dem Kind etwas aus dieser Begegnung zumindest kurz »im Kopf« bleibt.

Das ist bei Erwachsenen genauso. Stellen Sie sich vor, der Klassenlehrer Ihres Kindes sagt Ihnen seine Telefonnummer, ziffernweise. Nehmen wir 7835126. Nach wie vielen Zahlen muss er eine Pause machen, damit Sie die fehlerfrei aufschreiben können? Die Anzahl bis zur Pause hat einen Namen: Es ist Ihre »Gedächtnisspanne«, der Umfang Ihres sensorischen Gedächtnisses.

Die meisten Erwachsenen behalten mindestens fünf solche Einheiten ohne Pause, 20-jährige Studenten im Mittel sieben. Um sich mehr als neun zu merken, benötigt man dagegen Tricks. Wegen des Mittelwerts sprach man lange von der »magischen Sieben« als dem Umfang der Gedächtnisspanne.

Die Sache ändert sich, wenn der Klassenlehrer ein Späßchen macht und Ihnen seine Telefonnummer nicht auf Deutsch, sondern zum Beispiel auf Hindi vorsagt. In diesem Fall schaffen Sie allerhöchstens fünf »Zahlen«. Das liegt daran, dass diese »Zahlen« für Sie akustische Reize sind, die für Sie keinen Sinn ergeben. In solchen Fällen schrumpft die durchschnittliche Gedächtnisspanne auf eine relativ magere »magische Vier«. Das bedeutet: Sinn erweitert bereits deutlich die Gedächtnisspanne.

Doch selbst wenn Sie die Telefonnummer auf Deutsch gehört haben, ist sie wenige Sekunden später wieder verschwunden. Dieses Vergessen ist normal und vorteilhaft, schließlich ist die Nummer notiert. Anders ist es, wenn Ihr Stift nicht funktioniert. Dann müssen Sie entweder einen anderen suchen oder Ihr Mobiltelefon. Was tun Sie, wenn

Sie den Lehrer nicht bitten wollen, die Nummer zu wiederholen? Klar, Sie sagen sie sich vor. Das ist Arbeitsgedächtnis. Damit beginnt nachhaltiges Lernen.

Noch anders liegt der Fall, wenn Sie eine Ähnlichkeit feststellen. Nehmen wir an, die Telefonnummer Ihrer besten Freundin ist 7885126. Die kennen Sie auswendig; Sie stutzen und vergleichen die beiden Nummern im Kopf. Sobald Sie so etwas tun, hantieren Sie geistig mit der Information. Das ist kognitiv mehr als Gedächtnisspanne. Auch dabei nutzen Sie das »Arbeitsgedächtnis«.

Sensorisches Gedächtnis und Arbeitsgedächtnis zusammen bilden das Kurzzeitgedächtnis. Damit ist die Nummer noch immer nicht längerfristig gespeichert, noch können Sie später nicht mehr aktiv darauf zugreifen. Dafür muss sie erst dort »ankommen«, was Psychologen das Langzeitgedächtnis nennen.

Langzeitgedächtnis und Wissen

Das Erste, was Ihr Kind in der Schule lernen sollte, ist lesen, schreiben und rechnen. Sie erwarten aber sicherlich mehr: dass es lernt, sich auf Deutsch verständlich auszudrücken, und möglichst in mindestens noch einer anderen Sprache. Sie erwarten, dass es eine Ahnung davon bekommt, wie die Welt beschaffen ist, vom Universum bis zum Einzeller, wie der Mensch gebaut ist und wie er die Welt gestaltet hat, was er gedanklich entwickelt und künstlerisch geschaffen hat, wie wir uns heute die Welt einrichten – und vieles mehr.

Logisch: Eine Gedächtnisspanne von gerade mal vier beziehungsweise sieben Elementen genügt nicht, damit Ihr Kind all diese Kompetenzen erwirbt. Das Gedächtnis muss mehr umfassen. Tatsächlich unterscheidet die Psychologie Kurzzeit- und Langzeitgedächtnis. Auf Inhalte des Langzeitgedächtnisses kann man auch nach mehreren Tagen zurückgreifen, manchmal auch länger. Aber nicht jeder Inhalt wird längerfristig gespeichert. Dafür muss er zunächst einen Prozess durchlaufen, und zwar mehrfach.

Dieser Prozess hat drei Stufen. Auf der ersten Stufe nehmen wir den Inhalt auf. Man könnte auch sagen, wir nehmen ihn möglichst bewusst wahr. Je besser und je genauer wir den Inhalt aufnehmen, umso besser kann ihn das Gehirn in seine Sprache übersetzen. Damit hat es die Information verschlüsselt oder »encodiert«. Diese verschlüsselte Information wird automatisch gespeichert; das ist die zweite Stufe. Auf der dritten Stufe rufen wir den Inhalt wieder ab.

Rufen wir einen Inhalt ab, hantieren wir im Arbeitsgedächtnis damit. Dabei wird er neu verschlüsselt und neu gespeichert. Wirklich langfristig behalten wir fast ausschließlich Inhalte, die diesen Prozess mehrfach durchlaufen haben. Alles andere vergessen wir auf lange Sicht. Und was wir verfälscht abrufen, wird verfälscht gespeichert.

Verstehen

Das mit dem Vergessen zeigt schon: Die drei Gedächtnisstufen sind keine »Copy-and-paste«-Funktion des Gehirns, das Gedächtnis ist keine Computerfestplatte. Ein Rechner speichert nämlich alles, was er im passenden Format bekommt, bis es jemand aktiv löscht. Wir Menschen nicht. Wir speichern Inhalte vor allem dann, wenn sie Sinn haben und sich mit vorhandenem Wissen verknüpfen lassen.

Sinnloses Material dagegen überfordert uns meistens. Genau deshalb steht es am Beginn der Gedächtnispsychologie: Hermann Ebbinghaus (1859–1909) experimentierte mit »sinnlosen Silben«, um dem Gedächtnis »an sich« auf die Spur zu kommen: Er konstruierte Hunderte sinnlose Silben, lernte immer 13 davon auswendig und prüfte, wie lange er sie behielt. Seitdem wissen wir, was herauskommt, wenn wir sinnloses Material lernen: wenig. Wenn er sie einen Tag lang nicht wiederholte, hatte er zwei Drittel davon vergessen, und nach einem Monat praktisch alles.

Ganz ähnlich ist es, wenn Schüler Massen an Informationen in sich hineinstopfen, ohne sie mit ihrem vorhandenen Wissen zu verknüpfen. In der Prüfung spucken sie sie wieder aus. Anschließend vergessen sie alles gründlich. Man nennt das auch *binge-learning*; das spielt auf *binge-eating* an, das Kernverhalten der Essstörung Bulimie. Die Betroffenen essen riesige Mengen und erbrechen sie im Anschluss absichtlich wieder. Beim Lernen ist Hineinstopfen-Ausspucken keine Diagnose, ungesund ist es trotzdem: Die Inhalte sind wie bei der Bulimie verschwunden und nutzlos. Wissen erwirbt man so nicht.

Sicher ins Langzeitgedächtnis gelangen nur Inhalte, die »gehirngerecht« verschlüsselt wurden. Das heißt: Die Information ist kognitiv verarbeitet. Dafür wälzt Ihr Kind sie zunächst im Arbeitsgedächtnis und fahndet nach dem Sinn der neuen Information. Es vergleicht die neue Information mit dem, was es bereits weiß, es vergleicht, wo Neues zum alten Wissen passt, wo es etwas ergänzt, wo sich Zusammenhänge finden lassen. Dabei nimmt es das Neue präziser wahr und ordnet es ein. Je tiefer das Neue verarbeitet wird, umso besser ist es verstanden.

All das geht umso besser, je mehr Ihr Kind bereits weiß. Je besser es in einem Gebiet Bescheid weiß, umso mehr Feinheiten der neuen Information kann es erfassen. Und umso einfacher wird das Neue dem vorhandenen Wissen angegliedert. Befasst sich das Kind mit einem Thema – wendet es zum Beispiel auf andere Fragestellungen an –, dann wird sowohl das Alte als auch das Neue ins Arbeitsgedächtnis hervorgeholt.

Die zentrale Bedingung dafür, dass Ihr Kind Wissen erwirbt, ist deshalb, dass es die Inhalte so tief und umfassend wie möglich verarbeitet und auf dieser Basis versteht. Das schließt ein, dass es das neue Wissen in eigenen Worten formulieren kann. Erst dann hat es verstanden und erst dann kann stabiles Wissen daraus werden.

Die Lehrer sind dafür verantwortlich, die Dinge so zu erklären, dass Ihr Kind sie versteht. Sie sind auch dafür verantwortlich, Ihrem Kind vertiefende Aufgaben zu stellen. Ihr Kind ist dafür verantwortlich, diese Aufgaben sorgfältig zu bearbeiten. Sie selbst sollten es unterstützen; lösen dürfen Sie die Aufgaben aber nicht.

2. Nachhaltiges Lernen geht nicht ganz von selbst

Nur was Ihr Kind verstanden und verarbeitet hat, kann es langfristig in sein Wissen einbauen. Könnte das nicht auch in einem Durchgang gehen? Dann könnten sie ihr Wissen direkt in der Schule erwerben, ohne Üben, Wiederholen und die lästigen Hausaufgaben? Solche Stimmen gibt es. Sie sagen, es müsste ausreichen, wenn die Schule nur »kindgerecht« und vor allem »gehirngerecht« wäre. Dann müssten sich die Kinder »selbstgesteuert und eigenverantwortlich« Inhalte erarbeiten, und schon wären Kompetenz und Wissen für immer da. Was sagt die Psychologie dazu?

Inzidentelles Gedächtnis und die eigene Lebensgeschichte

Zwei Formen des Gedächtnisses bewahren Inhalte, ohne dass wir sie bewusst wiederholen. Das eine heißt in der Psychologie »inzidentell«, was so viel wie »nebenbei« meint. Es greift vor allem im Alltag, wo uns viele Informationen begegnen, die wir nur nebenbei wahrnehmen, die uns abends aber trotzdem wieder einfallen. Wir haben sie gewissermaßen »aufgeschnappt«.

Das andere ist das Gedächtnis für wichtige Ereignisse oder Episoden Ihres eigenen Lebens. Wenn die wirklich wichtig sind und aus dem Alltag herausragen, dann behalten wir sie länger im Gedächtnis. Das kann der letzte Urlaub sein, Ihr eigener Schulabschluss oder die Geburt Ihres Kindes, wegen dessen schulischer Entwicklung Sie dieses Buch gekauft haben. Insgesamt prägen Episoden das, was wir als unsere Identität erleben. Am besten behalten wir Episoden, die uns emotional stark berührt haben, egal ob angenehm oder unangenehm. Diese Form des Gedächtnisses heißt »episodisch«.

Schule ohne Üben – das könnte ja inzidentell oder episodisch sein? Ist es dort einfach zu langweilig und bietet sie zu wenig Gefühle?

Ganz so einfach ist es nicht. Wenn wir inzidentell behaltene Informationen nicht wiederholen, vergessen wir sie genauso wie alles andere. Mit den Episoden täuscht man sich noch leichter. Gerade emotional bedeutsame Ereignisse wiederholen wir nämlich häufig: Wir denken darüber nach, erzählen sie oder schreiben sie sogar auf. Die Geschichte ist uns wichtig.

Gedächtnispsychologisch wiederholen wir dabei die ganze Episode und speichern sie jedes Mal neu ab. In einem guten Unterricht geschieht einerseits ganz Analoges: Die Kinder bearbeiten die Themen aus verschiedenen Perspektiven und sie wenden die Erkenntnisse direkt an. Andererseits ist gedächtnispsychologisch das Wesentliche daran der Inhalt und gerade nicht das, wie Ihr Kind die Situation erlebt. Nur das wäre episodisches Gedächtnis. Abgesehen davon, dass das episodische Gedächtnis sich erst ausdifferenziert. Das Wissensgedächtnis ist dagegen schon bei kleinen Kindern da.

Beim Wissenserwerb gibt es eine Gelegenheit, die Übung

weniger nötig macht: Aha-Erlebnisse. Überflüssig wird das Üben dadurch aber nicht.

Verstehen und »darüber sprechen«

Wird ein Kind mit einem neuen Gedanken konfrontiert, will es sich einen Reim darauf machen. Es vergleicht den Gedanken mit dem, was es schon weiß. Das fällt ihm umso leichter, je mehr es über das Thema bereits weiß und je besser dieses Wissen organisiert ist. Nebenbei speichert es die Information ab, vorläufig, aber messbar.

In meinen Veranstaltungen zum Gedächtnis machen die Teilnehmer viele Übungen. In einer gebe ich ihnen 20 Begriffe, etwa fünf Tiere, fünf Pflanzen, fünf Verkehrsmittel und fünf Gebäudearten. Diese Begriffe stehen gemischt auf einem Zettel. Ich bitte die Teilnehmer, die (nicht genannten) Kategorien zu finden und jeden Begriff einer zuzuordnen. Wenn alle damit fertig sind, bitte ich sie, einfach die Begriffe aufzuschreiben, die ihnen noch einfallen.

Den meisten fallen fast alle 20 Begriffe ein. Das ist sehr viel, zwanzig Reize übersteigen die Gedächtnisspanne bei Weitem. Nun kann man sich vier Kategorien mit je fünf Begriffen sowieso leichter merken als 20 zufällige Begriffe. Das Material enthält schließlich Sinn. Doch in diesem Fall ist das Behalten nur die Nebenwirkung: Hauptsächlich haben sich die Teilnehmer schließlich inhaltlich mit den Begriffen beschäftigt, sie haben sie verarbeitet. Und zwar den Sinn: Wenn sie nach Anfangsbuchstaben sortieren, klappt es nicht.

Nehmen Sie jetzt folgende Liste und versuchen Sie auch hier, Kategorien zu finden und die Wörter zuzuordnen. Die Liste: »Arno, Becquerel, Eremitage, Gramm, Guadalquivir, Hertz, Iller, Lena, Liebesverbot, Loire, Louvre, Lumen, Maskenball, Norma, Ohm, Prado, Salome, Tiefland, Uffizien, Zwinger«. Wie gut Ihnen das gelingt, liegt nicht an Ihrer Intelligenz oder Ihrem Denkvermögen. Es liegt daran, ob Sie etwas über Kunstgeschichte, Physik, Geografie und Musik wissen. Fehlt Ihnen dieses Wissen, dann ergeht es Ihnen wie einem Jugendlichen, der die dritte binomische Formel »lernt«, aber das Einmaleins nur lückenhaft beherrscht: Sie werden scheitern. Dabei ist die Aufgabe als solche genauso »einfach« wie die oben.

Die Konsequenz: Wissen kann sich nur Stück um Stück erweitern; um Neues verstehen und verarbeiten zu können, benötigt man eine gewisse Menge an Vorwissen. Auch Schüler können nur so viel neu lernen, wie sie verstehen. Ein Wissensstückchen »landet« nur, wenn Vorwissen den Boden bereitet hat.

Jeder Mensch will verstehen, was ihm begegnet. Versteht einer etwas nicht, dann wendet er sich sofort ab oder er reimt sich eine eigene Erklärung zusammen. Die Lehrerin muss deshalb unbedingt herausfinden, was ihre Schüler verstanden haben, was sie wissen, und wo sie sich etwas Falsches zusammengereimt haben. Wie Erwachsene speichern Jugendliche nämlich exakt das, was sie verstanden haben. Erarbeiten sich Jugendliche also etwas selbst, so nützt es ihnen nur dann etwas, wenn der Lehrer das Ergebnis genau überprüft.

Leichter lernen durch Lerntyp-Diagnose?

Zugegeben, bestechend ist sie schon, die Idee der Lerntypen: Den eigenen »Lerntyp« herausfinden und die Inhalte entsprechend darbieten – schon gehe das Lernen »wie von selbst«. Der »Sehtyp«, der »Hörtyp«, der »Bewegungstyp« und so weiter – die Idee ist in Elternkreisen ähnlich beliebt wie bei Trainern in der beruflichen Weiterbildung. Es gibt sogar Anleitungen für Lehrkräfte und Schulklassen, die dann ihren Unterricht an die ermittelten »Typen« anpassen sollen. Wie das bei den verschiedenen Kindern in einer Klasse gehen soll, bleibt dabei allerdings verschwommen.

Psychologisch betrachtet allerdings gibt es ohnehin keine Lerntypen. Zwar haben manche Kinder eine besondere Vorliebe für ein Sinnessystem, aber das hat eher damit zu tun, dass einer der fünf Sinne besonders gut oder eben schlechter arbeitet. So haben Kurzsichtige oft zum Ausgleich ihr Gehör besonders gut trainiert, Schwerhörige sehen oder tasten intensiver und nehmen dann über diesen Kanal auch intensiver wahr als andere. Für das Lernen darf man daraus aber nur einen Schluss ziehen: Man muss die Wahrnehmung auch der weniger »guten« Sinne gezielt trainieren. Wir haben die fünf Sinne, weil sie uns gemeinsam das Leben erleichtern. Lernen funktioniert besser, wenn wir mehrere Sinneskanäle dabei einsetzen, statt dass wir die schwächeren gleich ganz ausschalten.

Doch selbst wenn es Lerntypen gäbe und der Input an den Vorliebe-Sinn angepasst wäre, würde Lernen nicht von selbst geschehen. Was wir wie lernen, hängt nämlich vom Inhalt ab. Man kann eben Musizieren nicht über das Sehen lehren (obwohl man Noten können und den Lehrer beobachten muss); man kann einen komplexen Gedankengang nur sehr eingeschränkt so visualisieren, dass ihn jemand anders versteht; weder eine Landkarte noch die Idee des Nationalstaats noch die binomischen Formeln werden wir verstehen, wenn wir sie anfassen.

Kinder und Jugendliche lernen besser, wenn sie die Wahrnehmung jedes Sinnes schärfen. Dann nehmen sie mehr wahr, verschlüsseln den Input besser, verarbeiten mehr und können mehr Zusammenhänge herstellen. Es ist auch sinnvoll, wenn sie zwischen den Sinnen hin- und herzugehen lernen. Hat Ihr Kind einen Inhalt verstanden? Dann bitten Sie es, ihn in seinen eigenen Worten zu erklären oder eine kleine Zeichnung oder Tabelle zu erstellen. Erst wenn es das kann, hat es wirklich verstanden; das gilt auch für Naturwissenschaften und Mathematik.

Lehrer müssen genau das von ihren Schülern fordern:

Gelerntes in eigenen Worten zusammenfassen und erklären. Gerade ein Kind, das visuell fit ist, muss das üben. Wörter von Fremdsprachen lernen sich leichter, wenn man mehrere Sinne einbezieht und sowohl spricht als auch schreibt. Hören und darauf reagieren muss allerdings ein Mensch – und das ist die Lehrerin oder der Lehrer.

Erleichtern elektronische Medien das Lernen?

Am Anfang stand die Kreidetafel, dann kamen Overhead-projektor, schließlich Filme, Hörmedien oder Sprachlabore. Heute sind es Beamer und Powerpoint und »elektronisches« Lernen. Dieses »E-Learning« nutzt Smartphone oder Tablet-Computer, Whiteboards beziehungsweise Internetsuchen über den Beamer. Es gibt Lernprogramme, und weil die nicht sonderlich beliebt sind, immer mehr »Games«, Computer-Lernspiele. E-Learning sei die Methode des 21. Jahrhunderts, alles völlig einfach und spielerisch. Wer E-Learning verschmäht – was viele Lehrkräfte tun –, wird gerne als vorsintflutlich und altbacken gebrandmarkt. Frage ist nur: Was ist dran? Lernen die Kinder damit besser – oder winkt da vor allem ein gutes Geschäft?

Bisher gibt es viele Ankündigungen, aber kaum positive Belege und schon gar keine umfangreiche Begleitforschung von Pilotversuchen. In einigen Studien floppten elektronische Hilfsmittel gleich ganz, in anderen erzielten sie keinen besseren Effekt als lebendige Menschen. Warum sollte man sie dann in großem Stil einsetzen?

Gedächtnis- und lernpsychologisch ist es ziemlich einfach: Bei einfachen Aufgaben wie dem Einmaleins oder Vokabeln kann E-Learning gute Dienste leisten. Im nächsten Schritt geht es um die Frage, wie gut das Kind den Stoff durchdrungen und verarbeitet hat. Soll das ein elektronisches Medium auch nur annähernd angemessen tun, muss es dafür extrem umfassend und weitverzweigt programmiert sein. Das ist teuer und wird immer wieder daran scheitern, dass Kinder viel komplexere Ideen haben als Programmierer. Schon deshalb kann E-Learning eigentlich nur zusammen mit einem Lehrer aus Fleisch und Blut klappen. Und außerdem: Ein Computer kann niemals trösten.

3. Gute Schule macht nicht einfach Spaß

Die Idee ist in den Köpfen vieler Eltern fest verankert, und Texte mit dem Thema sind hoch beliebt: Schule, heißt es dort, tauge dann, wenn sie »Spaß« mache. Sobald Kinder und Jugendliche genug Spaß hätten, inklusive Freiarbeit, Selbstlerngruppen und E-Learning, laufe alles wie von selbst. Belegt habe das spätestens die Neurobiologie. Stattdessen säßen die jungen Leute missmutig in Klassenräumen, wo sie sich im überkommenen Frontalunterricht gähnend langweilten. Und schließlich vergäßen sie auch noch 90 Prozent oder mehr von alledem, was ihnen dort begegnet sei.

Explizites und implizites Gedächtnis

Genaugenommen betrafen die ersten beiden Kapitel dieses Buches nur einen Teil des Lernens. In der Psychologie heißt das *explizites* oder *deklaratives* Gedächtnis. Benutzen wir das explizite Gedächtnis, dann entsteht Wissen, zumindest solange wir die Inhalte benutzen. Tun wir es nicht mehr, vergessen wir sie.

Ein Teil davon heißt *episodisch* und betrifft Ereignisse unseres eigenen Lebens (Kapitel 2); wir merken uns diejenigen besser, die mit Emotionen verknüpft sind. Der große zweite Teil heißt *semantisch* und umfasst alles andere Wissen, das, was nicht direkt unser Leben betrifft. Semantisches Wissen lässt sich gut in Worte fassen. Starke Gefühle fördern es nicht, semantisches Wissen zu erwerben, im Gegenteil: Sie behindern es eher, selbst wenn sie positiv sind.

Daneben gibt es die Form des Gedächtnisses und des Lernens, die *implizit* heißt. Implizit lernen wir alle Fertigkeiten, etwa Fahrrad fahren, Schwimmen oder Ski fahren, aber auch Grammatik und Sprachmelodie unserer Muttersprache. Wir lernen auch implizit, wie man sich benimmt, wann man frei seine Meinung sagen kann und wann lieber nicht oder wie man das Messer beim Schnitzen hält – und sogar den »Stallgeruch« diverser soziologischer Gruppen.

All das geschieht meist unbewusst, verlangt viel Übung und läuft schließlich automatisiert ab. Es lässt sich nur schwer in Worte fassen, was Handwerksmeister, Sporttrainer und Kunstlehrer täglich aufs Neue herausfordert. Das Ergebnis ist, da ist die deutsche Sprache sehr präzise, dass wir etwas können, manchmal auch kennen, etwa Gefahren oder Gerüche. Und daran sehen Sie: Auch explizit Gelerntes kann sich automatisieren und damit implizit werden, etwa Wortschätze oder das Einmaleins.

Lernen in der Schule – was braucht das Gehirn?

Die Vertreter der Spaßschule berufen sich in der Regel auf die Neurowissenschaft: Das Gehirn brauche »Spaß«, um gut zu lernen. Die Lebenserfahrung ist da skeptisch. Die Psychologie auch. Deshalb möchte ich kurz zusammenfassen, was wir biologisch über das Lernen wissen.

Unser Gehirn ist 24 Stunden am Tag aktiv, aber nicht immer gleich. Was es während des Schlafs tut, finden Sie in Teil B. Aktiv heißt, es nimmt Informationen aus der Umwelt auf, verarbeitet sie und speichert sie eine Zeit lang. Der Mensch hat etwas nachhaltig gelernt, wenn das Gespeicherte das Verhalten verändert.

Wie Lernen im Gehirn genau funktioniert, wissen wir bisher nicht. Es sieht aber so aus, als dass bei Lernvorgängen immer einige Gehirnareale aktiver wären als andere. Man schließt das daraus, wie gut ein Areal mit Sauerstoff und Zucker versorgt wird und wie aktiv die dortigen Nervenzellen sind. Welche Areale wann aktiver sind, können wir nicht willentlich beeinflussen; es liegt am Material, dem Inhalt oder den Reizen.

Begegnen uns explizite Informationen, dann werden sie vom zuständigen Sinnesorgan an ganz bestimmte Stellen im Gehirn geleitet: Sehinformation an den unteren Hinterkopf, Hörinformation an die Gehirnoberfläche knapp oberhalb der Ohren. Dann ist das Gehirn dort aktiv. Speichern wir die Information, dann wird eine Struktur aktiv, die aussieht wie ein Seepferdchen und deshalb altgriechisch *Hippokampus* heißt. Sie liegt ungefähr dort, wo man ankommt, wenn man von den Ohren aus ein paar Zentimeter nach innen geht, eine links, eine rechts. Von hier aus wird die Information an das Frontalhirn hinter der Stirn geschickt und dort verarbeitet. Rufen wir auf der dritten Stufe des Gedächtnisses das Wissen wieder ab, dann ist der Hippokampus erneut aktiv. Genauer: die beiden.

Direkt neben jedem Hippokampus liegt je ein Nervenknoten, der aussieht wie eine Mandel. Er heißt auch so, nämlich Amygdala oder Mandelkern. Die Mandelkerne sind aktiv, wenn uns etwas Gefährliches begegnet oder wenn wir an Gefahren denken. Feuern sie, dann erleben wir das als Angst. Deshalb können wir die Gefahr nicht einfach ignorieren – wir kämpfen oder fliehen.

Die Stoffe, die im Gehirn »Handlungsanweisungen« transportieren, heißen Neurotransmitter. Zwei davon sind die Stresshormone Kortisol und Adrenalin. Sie aktivieren die Mandelkerne und behindern gleichzeitig die Hippokampi und das Frontalhirn, sodass diese bei Stress ausfallen. So kann sich das Gehirn ungestört darauf konzentrieren, wie der Organismus den Stressor loswird. Daran können wir uns zwar gut erinnern – doch zusätzliche semantische Informationen fallen durch die Maschen. Kurz: Stresshormone behindern das semantische Gedächtnis.

Implizites Lernen dagegen hat immer mit konkretem Verhalten oder intensiven Gefühlen zu tun. Da spielen die Seepferdchen keine besondere Rolle. Dafür »reagieren« implizite Vorgänge mehr auf Belohnung und Bestrafung als explizite: Hat ein Verhalten positive Konsequenzen, machen wir es öfter. Hat ein Verhalten dagegen auch nur gelegentlich unangenehme Folgen, dann schränken wir es tendenziell ein.

Die Erkenntnisse über Angst und Bestrafung kann man unmittelbar auf schulisches Lernen anwenden: Wird ein Kind mehrfach gedemütigt, etwa wenn es falsche Antworten gegeben hat, wird es sich eher verstecken und immer weniger antworten, selbst wenn es zwischendurch mal gelobt wird. Wenn ein Kind Angst vor der Schule hat, dann lernt es schlechter und weniger nachhaltig – und es speichert immer die Angst mit.

Und wenn elektronische Lehrmedien eben mehr Spaß machen?

Wie gesagt, es ist nicht belegt, dass Kinder und Jugendliche mit elektronischen Medien mehr oder leichter Wissen erwerben als im Unterricht. Dabei machen ihnen diese Medien durchaus mehr »Spaß«. Dazu hat der Pädagogikprofessor Wolfgang Nieke aus Rostock 2011 mehrere Studien gemacht, von denen eine zu einer Pressemeldung mit der Schlagzeile führte: »Professor warnt vor Powerpoint«.

Zu den Vorstufen des E-Learnings zählt die Beamerpräsentation. Die kann statisch sein wie herkömmliche Overheadfolien. Sie kann aber auch *animiert* sein: Dann »fliegen« die Texte ein, eine unsichtbare Hand »malt« Grafiken und 3-D-Bilder oder Bilder und Filme werden eingeblendet – all das, was wir aus dem Fernsehen kennen.

Eine Mitarbeiterin Niekes hielt nun vor drei Schülergruppen der 11. und 12. Klassen einen 20-minütigen Vortrag über die Bevölkerungsexplosion in Megastädten des Südens, nämlich Kairo, Jakarta und Lagos. Über Kairo hielt sie einen freien Vortrag, bei Jakarta benutzte sie klassische Overheadtextfolien, bei Lagos eine animierte Beamerpräsentation. Im Anschluss bearbeiteten alle Gruppen einen Wissenstest.

Die Gruppe mit der animierten Beamerpräsentation hatte am meisten »Spaß«. Aber sie schnitt nicht am besten ab, sondern am schlechtesten. Am meisten hatte die Gruppe behalten, die den foliengestützten Vortrag gehört hatte. Das ist zwar nur ein erstes Ergebnis, aber psychologisch kann man es gut erklären: Die Folien wiederholen die Inhalte unauffällig. Die Animation dagegen könnte das Arbeitsgedächtnis überfordert haben, das ja keine große Kapazität hat. In diesem Fall wählt der Kopf selbsttätig aus, was er überhaupt wahrnimmt.

Wie steht es also um die These mit dem Spaß?

Auch wenn wir nicht die »Spaßgesellschaft« bemühen, ist der Begriff »Spaß« heutzutage fast allgegenwärtig. In Bewerbungen gehört Spaß an diesem und jenem zu den wichtigsten Argumenten, warum jemand meint, für einen Job geeignet zu sein. Tatsächlich gibt es keinen Job dieser Welt, der ständig Spaß macht – und wenn wir ehrlich sind, ziehen wir alle Tätigkeiten vor, die uns interessieren und die in einem Umfeld stattfinden, wo wir uns angemessen behandelt und wertgeschätzt fühlen.

Warum sollte das für Kinder und Jugendliche anders sein? Schließlich ist die Schule für sie ungefähr das, was für Sie der Beruf ist: Sie verbringen viel Zeit dort, die Schule fordert sie und sie sollen – und wollen – ihr Wissen erweitern. Das funktioniert, wenn sie keine Angst haben und wertgeschätzt werden, wenn sie verstehen, womit sie sich beschäftigen, wenn sie richtig wiederholen und richtig üben (Teil C).

Es ist völlig ausgeschlossen, dass das immer Spaß macht. Das ist wie bei einer guten Arbeit: Es kann begeistern, befriedigen, Freude machen und einen herausfordern. Und je mehr man weiß und kann, umso geringer ist der Aufwand im Gehirn. Wenn Ihr Kind erlebt, dass es etwas beherrscht, was es vorher nicht konnte, dann freut es sich und will weitermachen. Das nennt man *intrinsische Motivation*, Motivation, die von innen kommt.

Vier Dinge sind wissenschaftlich gesichert, auch neurobiologisch:

a) Menschen beschäftigen sich nicht kognitiv mit Dingen, die sie völlig kalt lassen. Kinder interessieren sich für Alltagserscheinungen, die ihnen auffallen. Und sie interessieren sich für Inhalte, über die sie bereits etwas wissen. Deshalb hilft es ihnen, wenn ihnen jemand vorlebt, wofür man sich alles interessieren kann. Das können Sie als Eltern sein, Lehrkräfte müssen es sein. Wenn sich ein Kind für etwas interessiert, will es damit aber ernst genommen werden. Dass es Freude daran hat, wenn die Frage beantwortet wird und es etwas Neues kann, ist etwas anderes als Spaß.

b) Ihr Kind lernt erheblich leichter, wenn es richtig wach ist. Das kann angenehm sein, aber mit Spaß sollte man es nicht verwechseln. Im Gehirn kann man Wachheit daran erkennen, wie aktiv es ist.

c) Stress und Angst behindern das explizite Lernen. Das ist psychologisch nachgewiesen und neurobiologisch untermauert. Es beginnt damit, dass Stresshormone Gehirnareale kurzzeitig beeinträchtigen, die beim Lernen die zentrale Rolle spielen. Aber das Gegenteil von Stress und Angst ist nicht automatisch Spaß.

d) Wenn ein Kind Angst hat und gleichzeitig eine Information aufnimmt, dann speichert es die Angst mit ab. Ruft es die Information wieder ab, ruft es die Angst mit ab. Dieser Kreislauf beeinträchtigt das Lernen massiv. Schluss: siehe c.

Wissen erwerben, Neues lernen, wiederholen und üben kann anstrengend sein. Wenn Ihr Kind danach erlebt, dass es neue Kompetenzen erworben hat, freut es sich trotzdem darüber. Fühlte es sich dabei frustriert, macht das Stress, und dies kann eine Durststrecke produzieren. Die überwindet es besser, wenn es von niemandem als dumm und unfähig hingestellt wird, auch nicht von sich selbst. Das zu begleiten ist die pädagogische Aufgabe – für Sie und seine Lehrer. Das ist aber keine Bespaßung.

4. Begabung, Selbstwertgefühl und die Kultur der Rückmeldung

Es gibt sie immer noch: die Lehrer, die felsenfest davon überzeugt sind, dass Schüler, die ihren Unterricht nicht verstehen, einfach zu schlechte Gene haben. Es gibt sie immer noch: die Jugendlichen, die innerlich ausgestiegen sind, weil sie sich für unfähig halten. Es gibt sie immer noch: die Eltern, die mit schlechten Mathematiknoten besser zurechtkommen als mit schlechten Lateinnoten, weil sie meinen, die Familie sei dafür eben »unbegabt«. Und es gibt sie neuerdings: die Eltern, die Schulnoten vor Gericht anfechten

oder ihr Kind für hochbegabt erklären, was nur der un-
fähige Lehrer nicht wahrhaben will. Was also hat es mit der
Begabung auf sich – und wie ist sie mit dem Lernen ver-
schränkt?

Intelligenz messen

Mit *Intelligenz* bezeichnet man seit dem 18. Jahrhundert
die Gesamtheit der geistigen beziehungsweise kognitiven
Fähigkeiten. Das Thema gehörte zu den Ersten, mit denen
sich die wissenschaftliche Psychologie beschäftigte. Auf
den ersten Blick scheint es ja schon kühn, die Intelligenz
erfassen zu wollen, schließlich kann man sie nicht am oder
im Kopf messen, sondern muss sie indirekt anhand von
Leistungen erschließen. Trotzdem war die Psychologie erfolgreich: Heute gehören Intelligenztests zu ihren besten
Methoden.

Der Begriff Intelligenzquotient, IQ, stammt von dem
Hamburger Psychologieprofessor William Stern (1871–
1938). Er hatte die Idee, die kognitive Leistung eines Kindes
mit der durchschnittlichen seiner Altersgruppe zu vergleichen. Das Verhältnis multipliziert mit 100 bezeichnete er als
Intelligenzquotient. Ein IQ von 100 ist Durchschnitt – das
Kind zeigt exakt die Leistungen seiner Altersgruppe. Bessere Leistungen ergeben einen höheren IQ, schlechtere einen niedrigeren. – Ab der Pubertät bezieht man die Leistung auf die Durchschnittsleistung mehrerer Jahrgänge.
Das wird immer so umgerechnet, dass der Durchschnitt 100
ist; deshalb ist der IQ grundsätzlich ein statistischer Wert.

Jeder Intelligenztest enthält verschiedenartige Aufgaben-
typen, etwa zu logischem Denken, Sprachverständnis oder
räumlicher Vorstellung. Jeder Typ beginnt mit leichten
Aufgaben, dann werden sie immer schwieriger. Alle Auto-
ren versuchen, dabei möglichst wenig direktes (Schul)-Wis-
sen abzufragen; dennoch sind IQ-Aufgaben für Personen

ohne Bildung nicht lösbar. Außerdem unterschätzt zum Beispiel ein deutschsprachiger Test die Intelligenz von Migrantenkindern, die nur schlecht Deutsch sprechen.

Doch bei Muttersprachlern mit normaler Schulbildung sagen Intelligenztests sehr viel aus. Deshalb nutzte man sie auch zur Begabungsforschung. *Begabung* meint die genetischen Anteile der Intelligenz. Das Gegenstück ist die *Umwelt*, sie beschreibt den Anteil, den Lernmöglichkeiten, Lernverhalten und physische Bedingungen daran haben.

In der Wissenschaft sind sich heute praktisch alle einig, dass jedes Kind kognitiv genetische Obergrenzen mitbringt. Man kann nicht aus jedem Kind eine Marie Curie oder einen Einstein machen, und manche Kinder werden auch keine Abiturprüfung bestehen. Dennoch sind die Erfahrungen eines Kindes wesentlich; sie erst stimulieren die Gene, aktiv zu werden.

Manche Kinder machen nicht die nötigen Erfahrungen. Leidet die Schwangere ständig unter Stress, beeinträchtigt das auch die spätere kognitive Entwicklung des Kindes. Kümmert sich niemand um das kleine Kind, wird zu wenig mit ihm gesprochen, ist seine Umwelt sehr karg oder lebt es emotional in sehr instabilen Verhältnissen – dann kann es nicht so viel Intelligenz entwickeln, wie seine Gene theoretisch ermöglichen würden. Nur wenn ein körperlich gesundes Kind bei sehr guten Bedingungen lediglich schlechte Leistungen erzielt, sind ausschließlich »die Gene« verantwortlich.

Den zweiten Punkt betonen die Psychologieprofessoren Aljoscha Neubauer und Elsbeth Stern mit ihrem Buchtitel »Lernen macht intelligent«. Intelligenz ist kein Merkmal wie die Augenfarbe; es gibt sie nur im Spiegel erworbener Kompetenzen. Die basieren zwar auf der Genetik, aber ohne Lernen gibt es sie gar nicht.

Begabung und Schulform

Zwei Drittel der Menschen sind durchschnittlich intelligent. Nun haben wir nach wie vor ein drei- (gelegentlich auch ein zwei-) gliedriges Schulsystem. Das verteilt 10-jährige Kinder auf weiterführende Schulen und richtet sich angeblich nach Intelligenz oder »Begabung«. Die macht zum Beispiel das bayerische Kultusministerium an den Noten der 4. Klasse fest. Das führt dazu, wie Grundschullehrer beklagen, dass für viele Eltern spätestens in der 3. Klasse die Noten zum Thema Nummer eins werden. Das setzt manche Kinder enorm unter Druck und beeinträchtigt ihr Selbstwertgefühl. Vielen raubt es die Freude daran, ihr Wissen zu erweitern. Anderswo geben die Grundschullehrer eine Empfehlung oder die Eltern entscheiden selbst. Alle Varianten führen jedoch zu einer sozialen Auslese, die schärfer ist als fast überall sonst in der Welt. Besonders scharf ist sie dort, wo die Eltern die freie Wahl haben.

Die Selektion nach Noten ist wissenschaftlicher Unsinn, weil Noten die Intelligenz zwar grob, aber keineswegs genau widerspiegeln. Sie ist aber auch statistisch falsch. Wenn jeder zweite Jugendliche eines Jahrgangs Abitur macht und das die »intelligentere« Hälfte sein soll, dann ist das mathematisch fast unmöglich. Dann müssten die Kinder mit einem IQ ab 100 Abitur machen, die darunter nicht. Doch die Intelligenz von Personen mit einem IQ von 99 und 101 unterscheidet sich fast nicht. Wer also 50 Prozent Abiturienten will und behauptet, das sei die »intelligentere« Hälfte, hat das Konzept Intelligenz nicht verstanden.

Noch ein Wort zur Hochbegabung. Das wissenschaftliche Konzept Hochbegabung hängt am IQ und ist wie dieser eine statistische Größe: Hochbegabt ist, wer über einen IQ von mindestens 130 verfügt. Das sind 2 Prozent der Bevölkerung, also wenige. Natürlich sollten Hochbegabte das Abitur schaffen, doch einige Hochbegabte klinken sich aus und »versagen«. Man muss sich unbedingt um sie kümmern; es sind jedoch nicht sehr viele. Falls Sie vermuten, Ihr Kind sei viel intelligenter, als seine Noten nahelegen, gibt es eine Anlaufstelle: die Schulpsychologin.

Lernfreundliche Rückmeldung und Noten

Man kann endlos darüber streiten, wie sinnvoll Noten sind. Für Sie als Eltern geht es nicht darum. Für Sie geht es darum, wie die Lehrer mit den Noten umgehen – und Sie selbst.

Eigentlich sind Noten eine Rückmeldung, allerdings eine formalisierte. Rückmeldung beim Lernen ist durchaus nötig, weil jeder Mensch, jede Schülerin und jeder Schüler gesehen werden möchte, nicht nur als Person, sondern auch als jemand, der etwas geleistet hat.

Gute Lehrkräfte nutzen Prüfungen, um herauszufinden, auf welchem Stand jedes Kind ist und wo es etwas nicht verstanden hat. Sie sehen an der Lösung, was ein Jugendlicher verstanden und vor allem, wo er falsch gedacht hat. Richtigstellen heißt, den Denkfehler erkennen – und auf anderem Weg die Lösung bahnen. Das ist wichtiger, als lange über den Fehler zu sprechen. Bearbeitet der Jugendliche die Aufgabe nämlich ein zweites Mal, holt er sie erneut ins Arbeitsgedächtnis. Was dann besprochen wird, speichert sich: Deshalb sollte es der richtige Weg sein. Genau so arbeitet die Beratungsstelle für »Rechenstörungen« der Universität Bielefeld: Die Denkfehler des Kindes erkennen, auf sie eingehen und sie dadurch auflösen.

Eine sinnvolle Rückmeldung in der Schule ist stimmig, holt Kinder von Holzwegen weg und ermöglicht ihnen, die Kompetenzen richtigzustellen (»konstruktiv« nennt man das gerne). Niemals darf sie das Kind demütigen – und Ihre Reaktion als Eltern auch nicht. Ein gedemütigtes Kind nämlich sieht keinen Sinn mehr darin, sich anzustrengen.

Stattdessen wird es auf seine individuelle Weise rebellieren; das kann von Abschalten bis Stören reichen.

Aber konstruktive Rückmeldung ist schwierig, Sie kennen das sicher aus Ihrem Beruf und Ihrem eigenen Privatleben. Ein Kind oder eine Jugendliche erlebt Noten als konstruktiv, wenn sie gut sind. Eine schlechte Note ist zunächst nie konstruktiv; es kann höchstens sein, dass ein sehr guter Schüler durch eine schlechte Note merkt, dass er in letzter Zeit alles hat schleifen lassen. Häufiger führen unkommentierte schlechte Noten psychologisch ins Aus: Sie entmutigen und demotivieren, weil sie Kinder dazu bringen, sich für »dumm« zu halten. Die Herausforderung für Lehrkräfte ist deshalb, Ihrem Kind auch nach einer schlechten Note eine konstruktive Rückmeldung zu geben. Es ist korrekt, wenn Sie das erwarten.

Wenn Sie als Eltern Ihr Kind gut durch die Schule begleiten wollen, sollten Sie Noten nie zu wichtig und schon gar nicht wörtlich nehmen. Noten sind nun einmal relativ, sie spiegeln zuallererst die Rangreihe in der Klasse. Man könnte genauso statt der ersten sechs Zahlen die ersten sechs Buchstaben des Alphabets hernehmen. Der Rang in der Klasse ist für Ihr Kind eine wichtige Information, falls sie von konstruktiver Rückmeldung begleitet wird. Eine eingeklagte bessere Note isoliert Ihr Kind aus seiner sozialen Gruppe.

Das Wichtigste an benoteten Schulaufgaben ist, dass die Lehrkraft die Denkfehler erkennt und das Denken der Kinder im weiteren Unterricht auf die richtige Spur lenkt. Das setzt voraus, dass die Klassenstärken sich im international normalen Bereich bewegen, zwischen 18 und 27. Das ist hierzulande nicht selbstverständlich.

Selbstwertgefühl

Demütigung in der Schule beschädigt das Selbstwertgefühl. Ein Kind oder ein Jugendlicher mit einem guten Selbstwertgefühl oder Selbstkonzept ist überzeugt: Ich bin in Ordnung, wie ich bin. Ich bin in der Lage zu tun, was nötig ist, und ich mache das gerne. So jemand kann sich leichter für die Dinge in seiner Welt begeistern und auf ihre Erkundung konzentrieren, ob es sich dabei um die Schule handelt oder den Wald.

Schädliches Selbstwertgefühl gibt es in beide Richtungen: Die einen halten sich für dumm, faul, inkompetent, hässlich und dick, die anderen für unerreicht, super und unschlagbar. Ein Kind mit einem beschädigten Selbstwertgefühl neigt dazu, entweder ständig zu »beweisen«, wie toll es ist oder dass es »auch« jemand ist. Oder es stellt sich »tot«, damit es nicht auffällt.

Ihr Kind entwickelt sein Selbstwertgefühl implizit, und zwar über viele Wege. Die Basis legen Sie als Eltern schon in der Kleinkindzeit. Sehr lange bilden Sie auch den Hintergrund dafür und bleiben die erste Instanz. Empfindet sich ein Kind grundsätzlich als prinzipiell in Ordnung, dann wird dieses Gefühl von der einen oder anderen schlechten Note nicht beschädigt.

5. Bildung fordert Zeit und Pausen

Höher-Schneller-Weiter gilt heute auch in Schule und Hochschule. Am liebsten schneller. Dabei wurde Bildung zu Ausbildung, und die umfasst vor allem das, was »man später braucht«, gute Noten eingeschlossen. Später, das bedeutet Beruf, nicht eigene Ideen oder gar gelingendes Leben. Junge Erwachsene sollen sich schnell in etwas einarbeiten können, sich selbst gut darstellen und ihr Produkt an jeden Kunden bringen. Inhalte herkömmlicher Bildung, die sich nicht unmittelbar beruflich »anwenden« lassen – von Musik bis Latein –, gelten bestenfalls als Luxus. Wollen einige Eltern ihren Kindern diese Bildung trotzdem angedeihen lassen, nennt man sie milde lächelnd »Bildungsbürger«. Doch manchmal führt die Vorfahrt für Schnelligkeit und Noten auch zum binge-learning. Und dagegen spricht psychologisch ziemlich viel – wie auch sonst gegen die gedrängte Zeit in Schulen.

Speichern ins Langzeitgedächtnis braucht Zeit

Das explizite Langzeitgedächtnis umfasst drei Stufen. Sicher zurückgreifen kann man nur auf Inhalte, die diese Abfolge mehrfach durchlaufen haben. Sie kennen die drei Schritte: 1. Aufnehmen beziehungsweise Verschlüsseln, 2. Speichern und 3. Abrufen beziehungsweise Wiedergeben. Der Speichervorgang ist automatisch, aber er benötigt ein paar Minuten. Das weiß man von Menschen, die bewusstlos waren: Die letzten Minuten vor der Bewusstlosigkeit können sie niemals rekonstruieren.

Das kann auch im bewussten Zustand passieren. Wie in der Physik heißt das Interferenz. Gedächtnisinterferenz entsteht etwa, wenn eine Schülerin gerade erfahren hat, wie die binomische Formel funktioniert oder das Present Perfect, und sich direkt danach intensiv geistig mit ihrem Handy beschäftigt. Prüft sie jetzt ihren SMS-Stand, dann stört das den Speichervorgang für den Unterrichtsinhalt »binomische Formel« oder »Present Perfect«. Der hat dann nicht die nötigen Minuten, um überhaupt ein erstes Mal gespeichert zu werden – er ist erst einmal verloren.

Später benötigt das explizite Gedächtnis noch einmal Zeit: wenn die Schülerin die binomischen Formeln wiederholt beziehungsweise Aufgaben dazu löst. Verstehen ist die Voraussetzung, aber alleine genügt es fast nie. Nur wenn sie das Neue wiederholt und in verschiedenen Zusammenhängen anwendet, kann sie es auch später noch abrufen. Wiedererkennen gelingt länger, aber auch das ist begrenzt. Wenn nun Schüler Wissensbruchstücke in sich hineinstopfen, um sie bei der nächsten Klassenarbeit oder im nächsten Test ein einziges Mal abzurufen, dann ist das Vergessen garantiert. Das liegt dann nicht an der Schule. Das Gegenmittel ist, sich mehrfach und in verschiedenen Zusammenhängen damit zu beschäftigen. Das braucht Zeit. Was dabei zu beachten ist, steht in Kapitel 17.

Komplexe Inhalte werden in mehreren Schleifen verarbeitet

Das Gedächtnis arbeitet »nebenbei«, während wir etwas verstehen, uns eigene Gedanken dazu machen und es so geistig verarbeiten. Sehen wir einen Film oder ein Theaterstück, dann geschieht das schnell und wir merken uns die wesentlichen Inhalte zunächst auch ganz gut – das ist eine Form von inzidentellem Gedächtnis. Es funktioniert aber nur, wenn Film oder Stück eine Logik haben, die wir unmittelbar verstehen. Eine chaotische Geschichte oder zusammenhanglose Spots behalten wir sehr viel schlechter.

Ganz ähnlich behalten auch Schüler manche Inhalte gut, wenn sie in eine gute Geschichte »übersetzt« sind. Aber dafür eignet sich nicht alles. Vor allem komplexe Zusammenhänge widersetzen sich, sei das der Klimawandel, die Entwicklung Europas im 20. Jahrhundert oder auch eine Frage wie: Wann schwimmt ein Schiff aus schwerem Eisen? Oder: Wie ergänzen sich Erbe und Umwelt bei der Formung eines biologischen Organismus? Oder: Wie groß ist die Fläche unter einer Kurve? Inhalte dieser Art lassen sich nicht in einer kurzen logischen Abfolge erklären.

Will ein Schüler das Ganze durchdringen, muss er es von verschiedenen Seiten her »einkreisen«. Dafür muss er es zunächst verstehen. Im Anschluss braucht er anspruchsvolle Aufgaben, wie Elsbeth Stern nicht müde wird zu erklären. Es dauert, die zu bearbeiten. Dabei klopft der Schüler die Zusammenhänge noch einmal ab, denkt die Argumente durch und stellt vielleicht selbst weitergehende Fragen. Im Verlauf dieses Prozesses verarbeitet er die Information tiefer. Bei jedem Durchgang speichert sich das aktuelle Verständnis ab. Das braucht Stunden, Tage und Wochen. In Minuten ist ein erstes Verstehen zu haben; komplexeres Wissen nicht.

Implizites Lernen in Schule – vom Sport bis zum Benehmen

Zum implizit gelernten Können gehören zum Beispiel »Prozeduren«, fein abgestimmte Bewegungsfolgen. Ob Fahrrad fahren, Schwimmen oder Fußball spielen, eine Tastatur bedienen, einen Geigenbogen führen oder ein Saxofon blasen: Jede Schülergeneration muss sich das neu aneignen. Sie muss es üben, richtig und ausdauernd. Genauso implizit eignen sie sich an, wie Farben und Formen wirken, wie man sich freundlich und sozial angemessen benimmt oder welche Töne eine Maschine produziert, die nicht rund läuft. Implizites Üben dauert meist noch länger als das Wiederholen expliziter Inhalte.

Implizit Gelerntes beherrschen wir automatisch und

damit ziemlich nachhaltig. Man kann »verlernen« – doch das ist ein Kunststück. Dieses Kunststück muss man leisten, wenn man umlernt, etwa neue Tastenkombinationen am Computer oder auch nur eine englische Tastatur, die z und y »vertauscht«. Es dauert lange, weil das Alte so automatisch ist, dass es sich immer dazwischendrängt.

Kleine Kinder lernen fast alles implizit, ob laufen oder mit dem Löffel essen. Dabei tun sie unverdrossen wieder und wieder dasselbe: Sie üben, üben, üben. Das tun sie nicht, weil es »Spaß« macht. Sie tun es, weil sie unbedingt auf eigenen Füßen vorwärtskommen oder etwas essen wollen. Was sie motiviert, ist das Verhalten an sich; die »Belohnung« liegt im Können selbst. Und sie steigert sich mit jedem Übungsdurchlauf.

Auch Schüler wenden für implizites Training viel Zeit auf, oft für Bewegungen oder andere Automatismen. Das tun sie nicht, weil es mit albernen Ködern angereichert ist, damit es »Spaß« macht. Sie üben sinnvoll, wenn sie es normal und richtig finden und Fortschritte erleben, auch wenn sie winzig sind. Auf einer intuitiven Ebene wissen sie, warum. Dafür müssen sie es »nur« generell für gut halten, die Schule zu besuchen.

Ein weit entferntes »Ziel« kann Ihr Kind von sich aus erst anpeilen, wenn das Frontalhirn ausgereift ist, und das geschieht erst im Laufe der Pubertät. Bis dahin muss es direkter spüren, dass sich die zeitfressende Anstrengung lohnt. Das spürt es, wenn es erlebt, etwas zu können, was es vorher nicht konnte: Es kann ein neues Lied spielen, ein Fußballspiel gegen die Nachbarschule bestreiten, schwimmen, wie es mag. Manchmal ist das Üben zwischendurch trotzdem mühsam, frustrierend oder langweilig. Dann könnten Sie als Eltern schon mal etwas besonders Angenehmes versprechen, wenn die Übung abgeschlossen ist. Sie müssen es aber einhalten. Das kann etwas zu essen sein, ein Ausflug oder der Besuch bei der besten Freundin.

Biologische Tagesrhythmen, Mittagstief und Ganztagsschule

Die menschliche Biologie – auch die des Lernens – folgt mehreren inneren Uhren. Der kürzeste Leistungs- und Fitnessrhythmus schwingt ungefähr in einem Takt von 90 Minuten, der nächste etwa von 4 Stunden. Ab dem Beginn der Pubertät erleben wir ein Energie- und Leistungstief mitten am Tag, ungefähr zwischen 13 und 14 Uhr. Machen wir bei einem Tief einfach weiter, dümpeln wir den halben Nachmittag vor uns hin. Gönnen wir uns eine Pause, steigt die Leistungsfähigkeit viel schneller wieder an. Das gilt auch für Schüler und Lehrer.

Deshalb sollte die Schule mehrere kurze Pausen vorsehen und spätestens um 13 Uhr eine längere. Damit die Halbtagsschule gegen 13 Uhr enden kann, sind die Pausen sehr kurz. Dauert sie länger, müssen Schüler wie Lehrer während des tiefsten Tiefs hoch konzentriert sein; das geht seit vielen Jahren schief, die letzte Stunde ist gefürchtet. Pausen kann die Ganztagsschule besser vorsehen, eine echte Mittagspause eingeschlossen.

Zeitlich, biologisch und psychologisch ist eine Ganztagsschule dann sinnvoll organisiert, wenn sich ständig geistige mit körperlichen oder künstlerischen Anforderungen abwechseln. Dazwischen gibt es Zeit für Übung und Stillarbeit, viele Pausen und gelegentlich die Möglichkeit, sich alleine zurückzuziehen. Ist dieser Tagesablauf von Anfang bis Ende verbindlich, nennt man das »gebundene« Ganztagsschule. Doch im Schuljahr 2011/2012 hatte nicht einmal jeder siebte Schüler in Deutschland die Möglichkeit, daran teilzunehmen.

6. Aufmerksam sein im Klassenzimmer

Sie haben das sicher schon erlebt: Sie sitzen im Zug und wollen lesen. Da klingelt bei dem jungen Mann neben Ihnen das Telefon und er beginnt ein Gespräch mit seinem Kumpel. Gleichzeitig sprechen hinter Ihnen zwei Fahrgäste intensiv miteinander. Können Sie Ihrem Text dann aufmerksam und konzentriert folgen? Oder erwischen Sie sich in solchen Fällen dabei, eine Seite mehr als einmal von vorne zu beginnen?

Die zweite Variante ist wahrscheinlicher. Grundsätzlich können sich Menschen besser konzentrieren, wenn sie ihre aktuelle Aufgabe interessant finden, und schlechter, wenn ihnen Informationen fehlen, um sie zu bearbeiten. Doch wenn die Außenwelt akustisch stört, kann es auch im Idealfall schnell vorbei sein. Dann müssen Sie die Töne nämlich erst einmal ausblenden, um überhaupt anfangen zu können. Dafür gibt es einen Fachausdruck: *selektive Aufmerksamkeit.*

Aufmerksamkeit ist zunächst einmal biologisch

Es ist nicht nur Wollen und Motivation. Es gibt einen biologischen Rahmen dafür, wie aufmerksam oder konzentriert Sie zu einem Zeitpunkt sein können. Diesen Rahmen steckt Ihre Wachheit ab, und da gibt es viele Stufen von hellwach bis schlafen. Zunächst sind dafür zwei Dinge von Bedeutung: a) wie gut und angemessen Sie in der Nacht zuvor geschlafen haben, b) welche Tageszeit gerade ist.

In der Psychologie werden Aufmerksamkeit und Konzentration in der Regel getestet, indem man viele leichte, eher langweilige Aufgaben hintereinander bearbeitet. Das kann etwa so aussehen: Sie drücken eine Taste, wenn auf dem Bildschirm ein bestimmter Reiz erscheint, etwa ein

Lichtpunkt oben rechts; Lichtpunkte an allen anderen
Stellen ignorieren Sie. Oder: Sie bearbeiten (sehr) einfache
Rechenaufgaben. Oder: Sie streichen auf einem Blatt mit
vielen Buchstaben jedes »r« an.

Solche Aufgaben können die meisten Menschen hierzulande problemlos bearbeiten. Sie brauchen nicht gut
denken zu können dafür, sie müssen nur wach sein. Doch
je länger sie an einer solchen einfachen Aufgabe sitzen,
umso mehr Fehler machen sie. Sie werden weniger aufmerksam, fühlen sich aber gar nicht müde. Wissenschaftlich
heißt das: Die *Vigilanz* sinkt. Das tut sie spätestens nach
20 Minuten.

Wird man in einem solchen Fall von jemandem angefeu-
ert (oder beschimpft), kann das die Vigilanz kurzfristig erhöhen. Das liegt daran, dass das Stresshormone freisetzt,
und die machen wach. Aber das funktioniert nur kurz und
ist überdies ungesund.

Das gilt auch in der Schule. Stress macht kurz wach, aber
er stört die Konzentration. Keine gute Voraussetzung für
nachhaltiges Lernen.

Sprache muss man richtig hören

Ein Kind, das schlecht oder gar nicht hört, muss möglichst
früh medizinisch angemessen versorgt werden. Nur wenn
es richtig hört, kann es seine Muttersprache gut lernen.

Inzwischen ist diese Muttersprache hierzulande häufig
nicht mehr Deutsch. Schule findet natürlich trotzdem auf
Deutsch statt, so dass ein Kind trotzdem nur dann gut lernt,
wenn es altersgemäß deutsch spricht. Dafür brauchen die
Eltern nicht ihre eigene Sprache zu verleugnen: Menschenkinder sind darauf eingerichtet, mit mehr als einer Sprache
aufzuwachsen. Lernen sie zwei Sprachen gleichberechtigt
und gleichzeitig, dann beherrschen sie sie auch ungefähr
gleich gut. Deshalb sollten Kinder aus nicht deutschspra-

chigen Familien sehr früh in die Kita gehen und dort Deutsch sprechen. Sprechen, nicht Wort für Wort »lernen«.

Solange Ihr Kind die Schule besucht, muss es drei Arten von akustischer Information gut entschlüsseln können. Die sind fast alle sprachlicher Natur: Was die Lehrer sagen, was die Mitschüler sagen und was als Tondokument vorgespielt wird; das ist oft Musik, kann aber auch Sprache sein, etwa im Fremdsprachenunterricht.

Nimmt Ihr Kind auch nur eine dieser Reizquellen nicht korrekt wahr, hat es ein Problem, und das ist völlig unabhängig von der Intelligenz. Es kommt aber häufiger vor, als man denken würde. Zum einen wurden nicht alle Kinder rechtzeitig medizinisch gut untersucht. Zum anderen scheint die Hörfähigkeit der Jugendlichen objektiv abzunehmen. Ihnen selbst fällt das nicht auf.

Der wichtigste Grund dafür ist, dass sie sich zu lange zu hohen Lärmpegeln aussetzen. Das menschliche Ohr ist nicht auf intensiven Lärm ausgelegt. Deshalb müssen Arbeiter ab einer Lautstärke von 85 Dezibel (dB) einen Hörschutz tragen. MP3-Spieler und vor allem Diskotheken kommen aber leicht auf 90 oder gar 100 dB. Die Kinder- und Jugendärzte haben deshalb schon empfohlen, die Lautstärke zu kappen, aber das funktioniert natürlich nicht.

Es bleibt nichts übrig: Sie als Eltern müssen Ihr Kind davon überzeugen, die Lautstärke zu dämpfen. Nur das schützt sein Hörvermögen – und damit seine Fähigkeit, dem Unterricht kompetent zu folgen.

Die Akustik in Klassenräumen

Auch wer sehr gut hört, kann gesprochene Sprache schon mal falsch wahrnehmen. Das kann drei Gründe haben:

■ Der Sprecher spricht zu leise oder artikuliert schlecht. Das führt zu Hörfehlern und in der Folge zu Missverständnissen, nachdem sich das Gehirn daraus Eigenes zusammenreimt. »Der weiße Neger Wumbaba« statt »Der weiße Nebel wunderbar« hat es sogar zum Buchtitel gebracht.

- Das *Cocktailpartyphänomen* der selektiven Aufmerksamkeit: wenn Sie sich auf das konzentrieren wollen, was Ihr eigenes Gegenüber sagt, während gleichzeitig viele andere akustische Informationen existieren, vor allem Stimmen.
- Der *Nachhall*. Der entsteht in jedem gebauten Raum, weil Wände und Decke die Schallwellen reflektieren. Je mehr Nachhall, umso krasser das Partyphänomen.

Nachhall gibt es immer, und er ist nicht automatisch ein Problem. Hallen die Töne aber in einem Raum sehr lange nach, dann überlagern sich die Schallwellen physikalisch und man versteht gesprochene Sprache schlechter. Die Akustiker sagen: Die *Hörsamkeit* für Sprache ist schlecht. Wie gut die Hörsamkeit für verschiedene Zwecke sein muss, regelt die Deutsche Industrienorm (DIN) 18041. Auch für die Schule.

In unseren Schulen wird diese Norm selten eingehalten. Das heißt: Klassenzimmer hallen oft so stark nach, dass ihre Hörsamkeit schlecht ist. Wer dann spricht, kann sich so gut artikulieren, wie er will – er wird schlecht verstanden, weil bei jedem Wort immer die vorigen mithallen. Besonders schwer verstehen Schüler, die schlechter Deutsch sprechen, und die ganze Klasse im Fremdsprachenunterricht. Viele schalten dann ganz ab.

Die Folge: Wer überhaupt spricht, tut das lauter. Das führt dazu, dass es noch länger hallt und der Geräuschpegel steigt. In der Konsequenz ist es in Klassenräumen – in denen sich ja immerhin meist 30 oder mehr Personen aufhalten – viel zu laut. 60 Dezibel (dB) sind die Regel, 65 bis 70 häufig. Das ist viel zu viel für konzentrierte Arbeit.

Man kann das experimentell überprüfen: Gerade in einem Raum mit großem Nachhall wird es schon ziemlich laut, wenn 30 Schüler mit einem Papier rascheln. Macht die Klasse Gruppenarbeit, kann man schon fast von Lärm sprechen, wenn nur in jeder von vier oder fünf Gruppen eine einzige Person spricht. Frontalunterricht kann also auch akustische Gründe haben.

Selektive Aufmerksamkeit

Wer sich in einer lauten Umgebung auf Gesprochenes konzentrieren will, dem geht es wie den Gästen der Cocktailparty: Er oder sie muss das Wesentliche aus dem lauten »Hintergrundrauschen« herausfiltern, also *selektiv aufmerksam* sein. Das ist sehr anstrengend, man hält es nicht lange durch, und man macht Fehler. Das Vergnügen an der Sache sinkt schon deshalb, weil man zu viel nicht richtig hört.

Muss man eine halbe Stunde oder noch länger selektiv aufmerksam sein, wird es Stress. Darauf reagiert das Gehirn viel schneller, als man früher dachte, und die Aufmerksamkeit sinkt. So wirkt Lärm in der Schule wie ein Teufelskreis.

Dennoch wird immer wieder behauptet, große Klassen seien kein Problem, gute Lehrer könnten auch diesen etwas beibringen. Das stimmt empirisch, allerdings nur für Klassenstärken bis 27. Dennoch sagt die Akustik schlicht und einfach: Mehr Menschen in einem Raum produzieren einen höheren Schallpegel, vor allem wenn der Nachhall groß ist. Noch mehr Schall produzieren »moderne« Unterrichtsformen wie Gruppenarbeit. Sie sind, wie größere Klassen auch, nur dann zu verantworten, wenn die Raumakustik optimiert wurde.

Wer sich geistig produktiv betätigen und gut lernen will, muss aufmerksam sein und sich konzentrieren. Einige Voraussetzungen dafür sind akustischer Natur. Dazu gehört vor allem, wie gut die Schüler hören können, wie »hörsam« der Raum ist, und wie deutlich Lehrer wie Schüler sprechen. Die Lehrer können mit den Schülern trainieren, sich akustisch verständlich auszudrücken. Sie können zusätzlich auch eine Kultur der Stille pflegen. Dann benötigen die Schüler weniger selektive Aufmerksamkeit und sehr viel weniger Energie.

7. Gutes Licht kann Lernen fördern

Die Schule ist für Ihr Kind ein ebenso elementares Lebensumfeld wie Ihr Arbeitsplatz für Sie. Die Ausstattung von Arbeitsplätzen muss vielen Vorschriften und Normen entsprechen, akustische und visuelle Qualitäten eingeschlossen. Befassen wir uns also näher damit, wann wir besser sehen und wann weniger gut.

Menschliches Sehen, Lichtfarben und Helligkeit

Den Sehsinn nutzen Menschen besonders umfassend: Wenn wir visuelle Reize verarbeiten, ist weit mehr als die Hälfte der Großhirnrinde in irgendeiner Form aktiv. Von daher könnte man vermuten, dieser Sinn sei besonders robust, doch das ist nicht der Fall. Wirklich gut sehen wir nämlich nur, was gut beleuchtet ist, aber nicht blendet. Deshalb sehen wir umso schlechter, je dunkler es wird, und in einem lichtlosen Raum nichts mehr. Außerdem ist das Sehen anfällig: Viele Kinder sind kurz- oder weitsichtig oder sie schielen. Das wirkt sich in der Schule immer negativ aus. Achten Sie als Eltern deshalb schon ab der Kita darauf, dass

Ihr Kind gegebenenfalls eine Brille bekommt, mit der es wirklich gut sieht.

Physikalisch ist Licht elektromagnetische Strahlung. Unser Sehsystem kann daraus einen bestimmten Ausschnitt wahrnehmen, nämlich Wellenlängen zwischen 380 und 780 Nanometer (nm). Da ultraviolette und infrarote Strahlen außerhalb liegen, sehen wir sie nicht.

Noch zwei weitere physikalische Eigenschaften tragen dazu bei, wie wir visuell wahrnehmen. Die eine ist die Farb»temperatur«. Normales Tageslicht ist »warm«, es erscheint uns angenehm; physikalisch enthält es das volle Wellenspektrum. Künstliche Beleuchtung umfasst unter Umständen nur Teile des Lichtspektrums. Dabei empfinden wir kurzwelliges Licht als »kalt« – weiß oder blau – und langwelliges als »warm« – rot oder gelb.

Die zweite Eigenschaft ist die Helligkeit, die Physiker messen sie in Lux (lx). Im Freien hat ein trüber Tag etwa 5000 Lux, ein heller Sonnentag 100 000 Lux, der Vollmond 0,25 Lux. Die übliche Wohnzimmerbeleuchtung bringt es auf etwa 200 Lux. Für ein normales Büro schreibt die Arbeitsstättenverordnung 400 Lux vor. Jeder Arbeitsplatz muss so beleuchtet sein, dass die arbeitende Person gut sieht und nicht geblendet wird.

Künstliche Beleuchtung

Eine umfangreiche wissenschaftliche Literatur beschreibt, wie sich die Beleuchtung von Arbeitsplätzen auf Leistung und Wohlbefinden auswirkt. Demnach sehen Menschen nicht nur objektiv besser, wenn es heller ist, sie nehmen optische Informationen auch genauer wahr. Ist der Arbeitsplatz hell und hat das Licht dort einen hohen Blauanteil, dann sind Erwachsene besonders wach und aktiv. Sie arbeiten bei diesem kürzerwelligen Licht konzentrierter, obwohl sie es subjektiv als kalt empfinden. Umgekehrt gibt es Hin-

weise, dass wärmeres Licht das Sozialverhalten in Arbeits-
welten positiv beeinflusst.

Die DIN für Klassenzimmer trägt die Nummer 5035. Sie
schreibt im ganzen Raum 300 Lux vor, an der Tafel muss es
mit 500 Lux heller sein. Der Vorschrift liegen allerdings
keine Studien zugrunde, die Daten zu Leistung und Wohlbefinden der Kinder erhoben hätten, sie rechnet Erwachse-
nendaten hoch. Diese Norm hat ausschließlich den Lehrer-
vortrag im Blick. Arbeitet die Klasse aber anders, etwa in
Gruppen, dann benötigt sie eigentlich eine andere Beleuchtung, wie wir eben auch aus Büros wissen. Dort passt man
die Beleuchtung der Arbeitsform an: Es gibt eine Beleuchtung für Einzelarbeit, eine für Besprechungen in verschiedenen Gruppengrößen und eine für Vorträge. Für Klassenzimmer gibt es nur eine; flexible Beleuchtung gibt es nicht.
Bisher.

Klassenzimmerbeleuchtung und Kognition

Selbst wenn ein Klassenzimmer die DIN 5035 erfüllt – was
nicht alle tun –, könnte es also Situationen geben, in denen
nicht jede Schülerin und jeder Schüler alles gleich gut erkennt, was er oder sie erkennen sollte. Das sind sämtliche
Personen im Raum, die Tafel beziehungsweise Leinwand
oder das Whiteboard und das Material, mit dem sie persönlich gerade arbeiten, also Buch, Heft, Computer und so
weiter. Dabei müssten auch Blend- und Spiegelungseffekte
ausgeglichen werden, die durch die Sonne oder durch
Oberflächen entstehen, etwa bei Whiteboards.

Eine Arbeitsgruppe um Claus Barkmann aus der Hamburger Kinder- und Jugendpsychiatrie berichtete nun 2012
in der Zeitschrift *Physiology and Behavior* über die Ergebnisse einer Studie zum Licht in Klassenräumen. Weltweit
erstmals prüften sie, ob und wie sich verschiedenartige Be-
leuchtungen in Schulen auf das Lernen der Kinder und Ju-

gendlichen auswirken. Die Firma Philips hatte eine Anlage entwickelt, an der sieben Beleuchtungstypen eingestellt werden konnten. Die Arbeitsgruppe prüfte die Wirkung jeweils neun Monate lang in einer 3. Grundschul- und einer 10. Sekundarschulklasse. Zum Vergleich beobachtete sie auch die jeweilige Parallelklasse, die mit althergebrachter Beleuchtung lernte.

Je nach Bedarf konnte die Lehrkraft den passenden Beleuchtungstyp wählen. Stand die Tafel im Mittelpunkt, konnte sie mit 1000 Lux sehr hell beleuchtet werden. Sollten sich die Schüler stark konzentrieren, bekam das Licht mehr Blauanteil, war also kälter. Erlaubten die Aufgaben eine entspanntere Atmosphäre, wählte die Lehrkraft wärmeres Licht. Im Abstand von vier Wochen machten die Schüler aller vier Klassen einen Konzentrations- und einen Lesetest; außerdem beantworteten sie Fragen zu ihrer eigenen Leistungsmotivation und zur Atmosphäre im Klassenzimmer.

Tatsächlich lasen Schüler, die bei variabler Beleuchtung gearbeitet hatten, im Test schneller als zuvor und schneller als Parallelklassen bei üblichem Licht. Sie machten auch deutlich weniger Konzentrationsfehler. Sie fühlten sich motivierter als vorher und empfanden die Atmosphäre im Klassenzimmer als angenehmer.

Diese Studie ist ein Anfang. Doch ihre Ergebnisse passen zu dem, was aus der Arbeitspsychologie bekannt ist. Es könnte also sehr sinnvoll sein, auch die Klassenzimmerbeleuchtung an verschiedene Arbeitsmethoden anzupassen.

Sie passen auch zu Ergebnissen, die wir aus der allgemeinen Lichtforschung kennen. Die besagen, dass der Mensch schon ausreichend helles Licht benötigt, damit seine innere Uhr getaktet wird, insbesondere Tageslicht (mehr dazu in Kapitel 12). Und nur wenn die innere Uhr rund läuft, kann er emotional, sozial und kognitiv wirklich gut funktionieren.

Licht, Raumausstattung und Wohlbefinden

Ganz allgemein steigert es Wohlbefinden, Gesundheit und
Leistungsfähigkeit, wenn man täglich genügend Zeit drau-
ßen verbringt oder zumindest in Räumen mit Tageslicht.
Wenn sich viele Stunden in rein künstlich beleuchteten
Räumen nicht vermeiden lassen, verhilft helles Licht von
2000 Lux und mehr dazu, Emotionen und Leistungsfähigkeit im Gleichgewicht zu halten. In Gegenden mit sehr kurzen Wintertagen – oder zeitweise durchgehender Dunkelheit – benützt man deshalb inzwischen Tageslichtleuchten
zum Ausgleich.

Für Schulen kann man daraus zumindest den Schluss ziehen: möglichst viel Tageslicht. Das darf allerdings nicht
blenden, weshalb Anstrich und Möblierung nicht durchge-
hend in Weiß gehalten sein dürfen.

Damit Schüler gut arbeiten, sollten sie sich nicht nur in
ihrer Klassengemeinschaft und ihrer Schule wohlfühlen,
sondern auch in ihrem Klassenzimmer. Ein solches Klassenzimmer ist so ausgestattet, dass sie dort gut hören, sich
gut verständlich machen und alles sehen können, was nötig
ist, um am Unterricht aktiv teilzunehmen. Es ist so hell,
dass die Kinder und Jugendlichen nicht müde werden, sich
aber auch nicht geblendet fühlen. Von jedem Platz aus ist
perfekt erkennbar, was auf Tafel und Leinwand erscheint.
Jeder Schüler, jede Schülerin kann gut sehen, was er oder sie
selbst aufzeichnet. Bildschirme sind so gestaltet, dass man
sie auch bei Helligkeit gut erkennen kann. Und es ist angenehm, weil Möblierung, Wandanstrich und Verschönerun-
gen den Bedürfnissen der Kinder entsprechen.

TEIL B

Schlafen – das Nachtprogramm des Gehirns

So viel Platz für den Schlaf – in einem Buch über die Schule? Vielleicht haben Sie sich anfangs ein wenig gewundert. Vielleicht war Ihnen aber auch sofort klar: Natürlich hängt das eng zusammen.

Vom ersten Lebenstag an spielt der Schlaf eines Kindes eine große Rolle in der Familie. In den Jahren kurz vor und während der Pubertät, gibt er immer wieder Anlass zu Auseinandersetzungen. Empirisch gehört er zu den zentralen Auslösern von Unstimmigkeiten. Viele Eltern haben nämlich genaue Vorstellungen darüber, wie ihre Kinder schlafen sollten, und die werden von diesen Kindern nicht unbedingt geteilt.

Schlafforschung ist ein Bereich der Neurowissenschaft, der am frühesten sinnvoll anwendbare Ergebnisse gebracht hat. Schlafen und Wachen sind zwei Aktivitätsformen des Gehirns, die absolut gleichwertig sind. Das heißt: Die eine ist ohne die andere nicht zu haben. Sie müssen sich abwechseln, und zwar in einem regelmäßigen Takt und parallel zu Tag und Nacht. Deshalb kann man fast nicht »vorschlafen« und verpassten Schlaf nur teilweise nachholen. Der Schlaf ist sehr viel wichtiger, als man lange dachte. Bei Kindern und Jugendlichen gewährleistet er nicht nur Wachstum und Gesundheit, sondern auch, dass sie gut lernen können, was in diesem Lebensalter zu lernen angesagt ist.

Obwohl wir alle Schlaf brauchen, gibt es viele Gegebenheiten, die ihn behindern oder beeinträchtigen. Bis zu einem gewissen Grad können Eltern diese beeinflussen. Auch darum geht es in diesem Teil.

8. Jugendliche Nachteulen – Abend- und Morgentypen

Sie erinnern sich sicher: Nach der Geburt dauerte es eine Zeit lang, bis Ihr Kind durchschlief. Doch dann tat es eines zuverlässig: Es wachte morgens früh auf. So früh, dass es Sie gelegentlich genervt haben mag, vor allem am Wochenende.

Heranwachsende allerdings bevorzugen ein Schlaf-Wach-Muster, das viele Eltern noch mehr herausfordert. Mit der Pubertät werden Kinder nämlich tendenziell zu Nachtschwärmern. Sie sind noch spätabends nicht ausreichend müde und schlafen später, als Sie als Eltern das für vernünftig halten. Morgens kommen sie dann nicht aus den Federn.

Die erste Frage ist: Was führt zu dieser Veränderung? Die zweite: Ist es gefährlich? Und die dritte: Ist das Kind – und Sie als Eltern – dieser Veränderung ausgeliefert? Kann man gegensteuern und ist das sinnvoll?

Die Chronotypen in der Schlafforschung

Alle Menschen müssen ihren Schlaf-Wach-Rhythmus mit dem Tag-Nacht-Rhythmus koordinieren. Das gelingt nicht allen gleich gut, und das liegt an den Inneren Uhren. Eine dieser Uhren nennen wir »zirkadian«, weil sie für einen Durchgang etwa einen Tag benötigt. Sie taktet unter anderem den Schlaf-Wach-Rhythmus.

Bei den meisten Erwachsenen dauert der innere zirkadiane Rhythmus knapp 25 Stunden. Er kann aber auch nur 23 oder auch 26 oder gar mehr Stunden dauern. Die Sonne ist der wichtigste äußere Faktor, der diese inneren Rhythmen an den Tag der Erde anpasst. Die meisten Menschen kommen damit ganz gut zurecht, manche sind morgens fitter, andere gegen Abend. Bei einigen allerdings ist diese Zeitorientierung eher extrem: Sie heißen in der Schlafforschung Morgentypen oder Lerchen beziehungsweise Abendtypen oder Eulen, im Deutschen sogar Nachteulen.

Lerchen kommen morgens leicht aus dem Bett, fühlen sich dann wach und können quasi sofort loslegen. Dafür werden sie abends relativ früh müde und sind dann zu nichts mehr zu gebrauchen. Täglich. Die Eulen dagegen drehen abends erst richtig auf, gehen am liebsten spät ins Bett, haben zumindest subjektiv auch kein Problem damit, jeden Tag zu einer anderen Zeit schlafen zu gehen. Morgens kommen sie nur sehr schwer aus dem Bett, und wenn sie es tun, brauchen sie schon mal Stunden, um allmählich in die Gänge zu kommen.

Diese Ausprägungen nennt man auch *Chronotyp*, das kommt von dem griechischen Wort Chronos für die Zeit. Es scheint, dass ein starker genetischer Faktor daran beteiligt ist, welchem Chronotyp man angehört. Das ist das eine. Doch es hängt nicht nur an der Genetik. Auch äußere Einflüsse tragen dazu bei, welcher Chronotyp man ist, vor allem soziale Gegebenheiten und das Licht. Das Dritte ist das Lebensalter. Und genau das erleben die jugendlichen Nachteulen.

Der Chronotyp verändert sich mit dem Lebensalter

Kleine Kinder sind klare Morgenmenschen. Das ändert sich, wenn die Pubertät beginnt. Erst ist es kaum zu spüren, irgendwann wird es überdeutlich. In diesem Prozess verschieben sich die Schwerpunkte der Zeitorientierung nach

hinten, in den Abend hinein. Dann werden viele Jugendliche abends später müde, bleiben länger auf und können
morgens deutlich länger schlafen. Gleichzeitig können sie
leichter mal länger und mal kürzer schlafen. Wenn Sie sich
an Ihre eigene Jugend erinnern, dann ist es Ihnen wahrscheinlich genauso gegangen.

Allerdings ist das nicht bei allen Jugendlichen gleich und
vor allem nicht gleich intensiv. 2011 befragte eine Arbeitsgruppe um Christian Vollmer im Rhein-Neckar-Gebiet 924
Schüler zwischen 13 und 16 aus den drei großen Schularten.
Der Chronotyp dieser Jugendlichen hatte sich klar nach
hinten verschoben, doch zu eindeutigen Abendtypen waren
nur 176 geworden.

Ein Teil, womöglich ein großer Teil dieser Veränderung
ist biologisch. Manche Chronobiologen gehen sogar so
weit, das Ende der Pubertät daran festzumachen, dass sich
die Tendenz wieder umkehrt. Im Mittel ist das mit ungefähr
20 Jahren der Fall.

Äußere Einflüsse

Doch es ist nicht allein die Biologie. Auch soziale Gegebenheiten beeinflussen, wie stark sich die Innere Uhr verschiebt. Wenn Jugendliche in dieser Zeit anfangen, nachts
auszugehen, hat es für sie einen Wert an sich, wenn sie dann
nicht allzu müde sind. Da sie in der Regel in Gruppen aus-
gehen, spielt der Gruppendruck eine erhebliche Rolle. Dieser nächtliche Lifestyle hat noch eine Folge: Wer sich stark
zum Abendtyp entwickelt hat, raucht und trinkt mehr als
die Gleichaltrigen.

Auch das Internet einschließlich diverser Spiele trägt
dazu bei, dem längeren Wachbleiben viel abzugewinnen
und in der Folge den Rhythmus stärker Richtung Abendtyp zu verschieben: Während die Mitspieler in anderen
Wohnungen oder Orten schlafen, können die Abendtypen

entscheidende Züge tun. Zusätzlich haben moderne LED-Bildschirme eine Eigenschaft, die zugleich Nachteil und Vorteil ist: Dieses Licht hält wach. Und es sieht so aus, als könnte dieses (blauwellige) Licht dazu beitragen, besonders ausgeprägte Abendtypen zu »produzieren«.

Zusätzlich ist heute das üblich, was in der Schlafforschung unter dem Namen LAN bekannt ist. Das bedeutet *Light at night* und bezeichnet die Tatsache, dass unsere Städte nachts erleuchtet sind, teilweise sehr viel heller, als es für die reine Sicherheit nötig wäre (die zu gewährleisten ist vorgeschrieben). Jugendliche, die in einer heller erleuchteten Umgebung leben, scheinen jedenfalls zu ausgeprägteren Abendtypen zu werden als andere, in deren Umgebung es nachts so ist, wie es die Erdumdrehung verursacht und die menschliche Biologie erwartet: dunkel.

Ist die Verschiebung des inneren Rhythmus gefährlich?

Das Problem ist nicht die Verschiebung an sich. Das Problem ist der Schlafmangel, der sich daraus ergibt, dass die Jugendlichen sehr spät schlafen gehen, aber genauso früh aufstehen müssen wie zuvor. Je stärker sich Ihr Kind Richtung Abendtyp entwickelt, umso müder ist es während des Unterrichts und umso intensiver schläft es am Wochenende nach. Beides hat Folgen, die Kapitel 12 näher beleuchtet.

Generell haben es Jugendliche besser, wenn sie wenigstens so morgenorientiert bleiben, dass sie es schaffen, rechtzeitig schlafen zu gehen. Rechtzeitig heißt: am Morgen einigermaßen ausgeschlafen sein. Diese Jugendlichen sind statistisch etwas gewissenhafter, zuverlässiger und beharrlicher, und sie haben sogar bessere Noten. Allgemein sind sie zufriedener mit ihrem Leben und sie zeigen seltener depressive Symptome.

Das wirkt sich auf alle sozialen Bereiche aus, die in diesem Alter von Bedeutung sind: das Verhältnis zu den Eltern, den Stand in der Klasse und das eigene Selbstwertgefühl. Wer nicht allzu stark Richtung Abendtyp tendiert, hat da jeweils weniger Probleme. Es beginnt damit, dass der nächtliche Lebensstil selbst Konflikte mit den Eltern hervorruft. Schließlich wollen die, dass ihr Kind genug Schlaf bekommt. Das ist nicht nur wegen der Noten, sondern auch, weil müde Abendtyp-Jugendliche stressanfälliger sind und ihr Selbstwertgefühl leidet.

Können Eltern gegensteuern und ist das sinnvoll?

Es ist normal, dass sich der Rhythmus während der Pubertät nach hinten verschiebt. Die einzige Frage ist deshalb: Wie wach sind die Jugendlichen morgens? Diejenigen, deren Organismus eine starke Verschiebung bevorzugt, benötigen eine gewisse Einsicht und eine gewisse Disziplin, um sich dem Gruppendruck des nächtlichen Lebensstils nicht vollständig zu unterwerfen. Einige Hinweise dazu finden Sie in Kapitel 12.

Ohne die Einsicht kann die Sache durchaus entgleisen und zu ernsthaften Problemen führen. Im Extremfall können sich die Rhythmen umkehren und auf diese Weise eine echte Schlafstörung hervorrufen, die man behandeln muss (Kapitel 14).

Für einige Jugendliche wäre es sicherlich einfacher, wenn die Schule in dieser Zeit später begänne. Das brächte aber organisatorische Probleme in den Schulen und in den Familien mit sich. Nun argumentieren manche, das sei typisch deutsche Morgenorientierung, in Frankreich und Spanien beginne die Schule schließlich auch erst um neun Uhr. Dieses Argument ist geografisch und damit chronobiologisch nicht korrekt. Westeuropa hat auf dem Festland überall die Mitteleuropäische Zeit. Diese stimmt aber umso schlechter mit dem Sonnenstand überein, je weiter ein Ort im Westen liegt. So ist es in Paris (2°20' Ost) nach Sonnenstand eigentlich erst kurz nach acht, wenn die Uhren dort auf neun Uhr stehen, und in Madrid (2° West) noch nicht einmal acht. Nach Sonnenstand beginnt die Schule also auch dort ungefähr um acht.

Sie als Eltern sind in diesem Zusammenhang vor allem für zwei Dinge verantwortlich: Bezeichnen Sie Schlaf nie, auch nicht vor jüngeren Kindern, als etwas, was typisch Kind ist. Dann nämlich betrachtet es Ihr Kind als Beleg dafür, schon erwachsen zu sein, wenn es spät schlafen geht. Und beschreiben Sie den Schlaf als notwendig, angenehm und schön – für alle Familienmitglieder, einschließlich sich selbst.

9. Schlafen – die andere Bewusstseinsform

Die auffälligste Pause, die wir Menschen machen, ist der Schlaf. Selbst extreme Nachteulen schlafen, wenn auch gelegentlich zu einem Zeitpunkt, zu dem sie selbst weniger davon haben, als nötig wäre.

Lange konnte die Wissenschaft mit dem Schlaf nichts anfangen. Die Meinungen reichten vom Schlaf als »kleiner Tod« bis zu Gemeinplätzen, dass er eben die Müdigkeit vertreibe. Das änderte sich erst, nachdem Hans Berger in Jena 1929 die Elektroenzephalografie erfunden hatte. Einige Jahre später begann die EEG-Schlafforschung.

Was der Schlaf ist

Seitdem weiß man: Der Schlaf ist eine Art Pause, aber das Gehirn ist dabei keineswegs untätig. Es ist nur auf andere Weise aktiv. Wir können messen, dass sich die elektrische Aktivität der Oberfläche verlangsamt.

Was bedeutet das? Im Wesentlichen finden sich im Gehirn zwei Sorten Zellen. Die einen heißen Glia- oder Stützzellen, die anderen sind die Nervenzellen, die wesentlichen Akteure. Im erwachsenen Gehirn sind etwa 100 Milliarden Nervenzellen ständig aktiv, bei Kindern etwas weniger. Dabei produzieren sie eine winzige elektrische Spannung. Sind nun ganze Bündel von Nervenzellen koordiniert in Aktion, dann ergibt das elektrische Signale, die man messen kann. Diese Aufzeichnung ist das Elektroenzephalogramm (EEG).

Nervenzellen produzieren elektrische Ströme, sobald sie sich im Embryo entwickeln. Solange wir leben, hört das Gehirn damit nicht auf. Wichtig beim elektrischen Strom sind Spannung und Frequenz, die Anzahl der Schwingungen pro Sekunde. Die Maßeinheit für die *Frequenz* ist benannt nach dem Physiker Heinrich-Rudolf Hertz (1857–1894) und wird mit Hz abgekürzt. Wir atmen etwa mit einer Frequenz von 0,25 Hz, das Herz schlägt einmal pro Sekunde.

Die Frequenz der Gehirnströme ist sehr viel variabler. Sind wir sehr wach und aktiv, ist sie ziemlich schnell, mindestens 13 Hz, bei hoher Konzentration sogar noch schneller; die Spannung ist niedrig, weniger als 10 Mikrovolt. EEG-Wellen mit einer Frequenz zwischen 16 und 30 Hz nennt man *Beta-Wellen*, den Rhythmus Beta-Rhythmus. Schließen wir die Augen und denken völlig entspannt vor uns hin, kann die Frequenz bis auf 8 Hz sinken, gleichzeitig steigt die Spannung etwas. Diese langsamere EEG-Aktivität zwischen 8 und 12 Hz heißt *Alpha-Rhythmus*.

Sinkt die Frequenz der Hirnwellen noch weiter, ist das Schlaf. Der beginnt mit *Theta-Wellen* von 7 bis 3 Hz. Mit dieser Frequenz hat sich Grundlegendes in unserem Bewusstseinszustand geändert: Wir sind eingeschlafen. Der Theta-Schlaf ist ziemlich »leicht«. Jedes ungewöhnliche Signal beendet diesen *Leichtschlaf* sofort, ein Ton, ein heller Lichtschein oder eine Berührung. Falls Sie also denken, das ist aber doch nicht immer so, dann haben Sie recht: Der thetabestimmte Leichtschlaf ist nur der Anfang.

Geht der Schlaf jetzt ungestört weiter, dann wird er »tiefer«. Man sieht es im EEG, in dem immer mehr Wellen auftreten, die noch langsamer sind – *Delta-Wellen*. Die Frequenz der Delta-Welle fällt bis auf 1 bis 2 Hz, dafür steigt ihre Spannung auf 75 Mikrovolt und mehr. Hier gibt es eine klare Parallele zwischen EEG, Verhalten und Erleben: Je mehr Delta-Wellen, umso mehr muss geschehen, damit wir aufwachen. Wir schlafen richtig tief. Deshalb heißt der Delta-Schlaf auch Tiefschlaf. Der Tiefschlaf beeinflusst wesentlich, wie wach wir uns tagsüber fühlen.

Schlafen, Wachen und Wahrnehmung

Die Sinnesorgane nehmen ständig Signale der Außenwelt wahr, Augen, Ohren, Nase, Zunge und Haut. Die Informationen senden sie an das Gehirn, und dort werden sie verarbeitet. Nicht alle, aber viele werden uns bewusst und wir hantieren damit auch bewusst – wir verarbeiten sie, vergleichen sie, denken darüber nach.

Auch während des Schlafs gibt es Signale in der Umwelt. Doch wie wir sie aufnehmen und verarbeiten, gestaltet sich anders als im Wachen. Optische Information wird weitgehend ausgeblendet, weil die Augenlider im Schlaf geschlossen sind; sie halten so viel Licht ab, dass nur noch 20 Prozent durchkommen. Akustische Signale dagegen erreichen die Hörrinde im Gehirn wie tagsüber, weil wir die Ohren nicht verschließen können.

Hat ein Sinnesorgan ein Signal wahrgenommen und weitergeleitet, dann wird das vom Gehirn kurz und automatisch verarbeitet, auch während des Schlafs. Ist das Signal stark, wachen wir davon auf. Ist es schwächer, prüft das Gehirn kurz, ob es gefährlich oder lebenswichtig ist. Hält es den eingehenden Reiz für ungefährlich und unwichtig, schläft es weiter. Bewertet es ihn als wichtig oder gar gefährlich, dann wacht es auf, auch wenn der Reiz schwach war. Erst wenn wir aufgewacht sind, kann ein Signal bewusst werden – und damit kognitiv verarbeitet.

Daraus können wir zwei Schlüsse ziehen, und die sind auch empirisch belegt. Der erste: Wer sich das berühmte Buch unters Kopfkissen legt oder sich nachts wichtige Inhalte der nächsten Prüfung in MP3-Fassung anhört, beeinträchtigt zwar die Schlafqualität. Trotzdem wird kein einziger Inhalt kognitiv verarbeitet; es wird kein Inhalt aufgenommen und deshalb auch nichts gelernt.

Die zweite Erkenntnis: Auch wenn Ihr Kind schläft, nimmt sein Gehirn wahr, wenn Sie im Nebenraum laut sprechen oder gar schreien. Dabei verarbeitet es zunächst die Emotion in den Stimmen – »gefährlich oder nicht?«. Es kann auch registrieren, wenn sein Name fällt (das sagt ihm, dass die Sache gerade »wichtig« ist). Zu diesem Zeitpunkt wacht es womöglich auf. Sobald es wach ist, registriert es die Tonlage auch bewusst, selbst wenn es die Worte als solche nicht richtig versteht. Sind die Stimmen unangenehm, bekommt es Angst. Mindestens die hält es wach. Wenn Sie als Eltern sich also nachts streiten, tun Sie es leise. Ihr Kind schläft dann besser.

REM-Schlaf und Träume

Leicht- und Tiefschlaf machen immer noch nicht den ganzen Schlaf aus. Ein weiteres Stadium, das REM-Stadium, ist so auffällig, dass Leicht- und Tiefschlaf auch als Non-REM-Schlaf zusammengefasst werden. Im REM-Schlaf wird das EEG wieder schneller, es erreicht Theta-Geschwindigkeit. Gleichzeitig bewegen sich die Augen schnell hin und her, und das gab dem Stadium den Namen: REM heißt *Rapid Eye Movement*, schnelle Augenbewegung. Zusätzlich ist die Muskulatur nicht nur entspannt, sondern nachgerade gelähmt. Der REM-Schlaf ist leichter störbar als der Tiefschlaf, aber stabiler als der Leichtschlaf.

Der REM-Schlaf heißt auch *aktiver Schlaf*. Er zeigt sich bereits im Mutterleib. Man vermutet, dass sich das Gehirn mit dieser Aktivität schon mal probehalber auf Touren bringt. Weckt man Erwachsene aus dem REM-Schlaf, dann berichten sie fast immer von Träumen. Deshalb galt REM lange als Traumschlaf. Das ist nicht ganz richtig, weil es Träume auch in anderen Schlafphasen gibt. Doch die richtig bizarren Träume, in denen wir fliegen können, alles bunt ist und die verrücktesten Dinge passieren, das sind REM-Träume. Allerdings erst später. Kleine Kinder haben REM, sogar sehr viel, aber sie berichten beim Wecken nicht unbedingt von Träumen, auch Schulkinder nicht viel. Erst ab der Pubertät kommt Bewegung in die REM-Träume.

Das Einzige, was sehr früh beginnt, sind Albträume und Nachtängste. Das erleben schon kleine Kinder und ältere auch noch. Nachtängste sind mit Schlafwandeln verwandt, das Kind erwacht plötzlich in der ersten Nachthälfte, meist mit einem Schrei, und kommt minutenlang nicht ganz zu sich. Falls Ihr Kind so etwas zeigt, müssen Sie es beruhigen, in den Arm nehmen und wieder hinlegen. Albträume sind REM-Ereignisse; auch hier schreckt das Kind auf, kann aber sofort den schrecklichen Traum erzählen. Der Leidensdruck ist beträchtlich und das Leiden häufig: Jeder zehnte Jugendliche klagt darüber. Es gibt eine gute verhaltenstherapeutische Strategie dagegen. Bei Albträumen sollten Sie sich immer professionelle Hilfe holen, bei Nachtängsten zumindest den Kinder- und Jugendarzt ins Vertrauen ziehen.

Schlafzyklen und Tiefschlaf

Die Stadien Leichtschlaf, Tiefschlaf und REM folgen systematisch aufeinander. Die Nacht beginnt mit Leichtschlaf, dann wird der Schlaf immer tiefer und am Schluss steht REM. Gesamtdauer eines Zyklus: ab der späteren Kindheit 90 Minuten, bei Säuglingen und Kleinkindern etwas kürzer. Jeder 90-Minuten-Zyklus beginnt mit Leichtschlaf, dann wird der Schlaf immer tiefer, und am Schluss steht REM. Während einer Nacht folgen mehrere solcher Zyklen aufeinander. Während des Tiefschlafs arbeitet das Immunsystem auf Hochtouren. Außerdem wird Wachstumshormon ausgeschüttet; das ist nicht nur für das Wachstum zuständig, sondern auch für sämtliche Reparaturprozesse im Organismus.

Kleine Kinder verbringen bis zur Hälfte der Zeit im REM-Schlaf. Im Verlauf des Lebens ändert sich das stark, bis Erwachsene im ersten Zyklus nur etwa 10 Minuten in REM verbringen, im letzten eine halbe Stunde. Die andere Hälfte jedes Zyklus verbringen Kinder vor allem im Tiefschlaf; der reduziert sich im Lauf des Lebens noch viel stärker als REM, ältere Menschen haben fast keinen mehr.

Am dramatischsten verändert sich der Tiefschlaf im Jugendalter: Etwa ab zwölf Jahren reduziert sich der Anteil des Delta-Schlafs an jedem 90-Minuten-Zyklus. Gleichzeitig verändern sich die einzelnen Delta-Wellen, sie werden »weniger tief«.

Nun schlafen Jugendliche insgesamt kürzer, und schon deshalb erleben sie häufig Müdigkeitsattacken. Gleichzeitig wird der Tiefschlaf weniger tief und er verkürzt sich; beides würde sie schon bei gleicher Schlafdauer müder machen. Jugendliche werden also gleich auf zwei Wegen müder.

10. Schlaf verbessert Lernergebnisse

Lernen und Schlaf, Lernen im Schlaf? Klingt das für Sie auch ein bisschen nach dem »Nürnberger Trichter«, dem Gerät, über das man im 16. Jahrhundert das Wissen direkt ins Gehirn träufeln wollte? Zwar wissen alle, dass es einen solchen Trichter nicht geben kann. Er könnte aber die beliebtesten Ideen gebahnt haben, die müheloses Lernen im Schlaf versprechen: Das Schulbuch mit dem Lernstoff für die nächste Prüfung unters Kopfkissen legen und sich nachts mit Lernstoff beschallen lassen. Im letzten Kapitel haben wir schon festgestellt, dass beides so viel nützt wie der Trichter: nichts.

Und dennoch hängt gutes Lernen vom Schlaf ab, allerdings beeinflusst der Schlaf ausschließlich die zweite Gedächtnisstufe, das Speichern. Nur wer regelmäßig und gut schläft, kann auch regelmäßig gute kognitive Leistungen erbringen. Schlechte Chefs hören das nicht gerne, und junge Leute auch nicht, die gerade dabei sind, erwachsen zu werden. Beide nämlich halten den Schlaf zumindest für eine Form der Zeitverschwendung. Ein Irrtum, der Folgen haben kann.

Für Schülerinnen und Schüler spielt der Schlaf an vier Punkten eine wesentliche Rolle:

▓ Das Gehirn wendet im Schlaf seine Aufmerksamkeit nach »innen« auf sich selbst. Dabei werden die Inhalte, die es am Tag zuvor aufgenommen hat, noch einmal aktiviert und durchgespielt. Falls das Gehirn sie für »wert« befindet, behalten zu werden, speichert es sie erneut. Es wiederholt die zweite Stufe des expliziten Gedächtnisses. Das geschieht im Non-REM-Schlaf.

▓ Manchmal ordnen sich Informationen während des Schlafs auch in einer anderen Weise; dann erscheinen sie uns morgens neu zusammengesetzt – gewissermaßen kreativ bearbeitet.

▓ Die Stufen eins und drei des expliziten Gedächtnisses – Aufnahme oder Verschlüsselung, Wiedergabe oder Abruf – können nur stattfinden, wenn ein Mensch biologisch wach ist. Wie wach wir sind, unterliegt aber nur sehr eingeschränkt unserem Willen. Es hängt davon ab, wie lange und wie ausreichend wir in der Nacht zuvor geschlafen haben.

▓ Implizit Gelerntes wird vor allem im REM-Schlaf neu aktiviert und neu gespeichert.

Schlaf und Lernen: eine neue Forschungsrichtung

Im Schlaf spielt das Gehirn sein eigenes Programm. Während es sich im Wachzustand ständig auf neue Informationen stürzt, befasst es sich im Schlaf mit denen, die bereits vorhanden sind. Das können biologische Informationen sein, die aus dem Organismus selbst kommen; er kann zum Beispiel Hormone benötigen oder eine Anstrengung des Immunsystems. Es können aber auch kognitive Inhalte sein, Informationen vom Vortrag oder länger zurückliegendes Wissen. Dabei werden sie neu gespeichert. Es sieht so aus, als wäre das eine Art biologisches Erstprogramm zur Datensicherung.

Viele Menschen schwören darauf, dass sie kognitive Anforderungen leichter bearbeiten können, wenn sie einmal

»darüber« geschlafen haben. Die Schlafforscher haben das lange nicht beachtet, weil es zu individuell erschien. Seit die Psychologie explizites und implizites Gedächtnis auseinanderhält, lässt sich so etwas systematischer untersuchen. Inzwischen ist diese Forschung etabliert. Zu den weltweit führenden Arbeitsgruppen gehören zwei deutschsprachige: die um Jan Born in Tübingen und Lübeck und die um Christian Cajochen in Basel.

Wissen konsolidiert sich im Schlaf

Alle Arbeitsgruppen haben nachgewiesen: Im Schlaf festigt sich explizites Wissen, man sagt auch, es *konsolidiert* sich. Nach dem gleichen Zeitraum ohne Schlaf ist das nicht so.

Um das herauszufinden, haben Versuchspersonen in vielen Studien abends Lernaufgaben bearbeitet, die explizites Gedächtnis verlangen. Besonders häufig lernten sie Wortpaare, analog zu Vokabeln einer Fremdsprache. Danach schliefen sie die ganze Nacht. Am Morgen konnten sie nicht nur genauso viele Wortpaare richtig wiedergeben wie direkt nach dem Lernen, sondern mehr. Wer dagegen tagsüber dasselbe lernt und 8 Stunden später erneut getestet wird, schafft dann eher weniger als direkt nach dem Lernen.

Bei Mäusen sieht man die *Konsolidierung* sogar direkt: Absolvieren Mäuse eine Lernaufgabe und schlafen hinterher, dann produzieren sie während des Schlafs im Hippokampus das gleiche Erregungsmuster wie während des Lernvorgangs. Am Morgen geschieht dasselbe wie bei Menschen, die Wortpaare gelernt haben: Die Mäuse lösen die Aufgabe nach dem Aufwachen besser als vor dem Schlaf.

Wir wissen sogar, welche Art Schlaf explizit Gelerntes konsolidiert: der Deltaschlaf, also die Tiefschlafzeiten. Nun verbringen Kinder die ganze Nacht über immer wieder Zeit im Tiefschlaf. Jugendliche dagegen nähern sich bei der Tiefschlafverteilung bereits den Erwachsenen: Er konzentriert sich auf die Zeit vor drei Uhr morgens. Wer also den Schulstoff behalten will – egal ob direkt aus dem Unterricht oder individuell nachbereitet –, sollte rechtzeitig schlafen gehen. Nach drei Uhr sinkt die Tiefschlafdauer nämlich drastisch, selbst wenn man erst kurz zuvor schlafen gegangen ist.

Richtig wach sein erleichtert Aufnahme und Abruf von Wissen

Biologisch wie psychologisch ist jedes Ereignis in unserer Umgebung einfach ein Reiz. Den nehmen wir zunächst wahr, mehr oder weniger präzise und mehr oder weniger bewusst. Im Schlaf ist das ziemlich wenig bewusst und nur sehr eingeschränkt präzise: Schließlich prüft das Gehirn nur, ob der Reiz wichtig oder gefährlich ist.

In Kapitel 5 ging es darum, dass Jugendliche wie Erwachsene tagsüber nicht durchgängig gleichmäßig wach sein können. Biologisch können wir am EEG nicht nur die Schlaftiefe ablesen, sondern auch, wie wach wir sind. Mit den langsamen Theta-Wellen beginnt der Schlaf. Im relativ langsamen Alpha-Rhythmus (8 bis 12 Hz) sind wir noch wach, aber geistig sehr entspannt. Hellwach und hochaktiv sind wir, wenn das EEG viel mehr schnelle Beta-Wellen (mehr als 13 Hz) als Alpha-Wellen zeigt. Je mehr Beta, umso wacher und konzentrierter, je mehr Alpha, umso entspannter, gemütlicher und müder.

Je konzentrierter Ihr Kind ist, umso vollständiger und korrekter kann es Inhalte aufnehmen und abrufen. Und konzentriert heißt: wach. Dann erst behält es sie problemlos im Arbeitsgedächtnis, kann geistig damit hantieren und sie kognitiv weiterverarbeiten. Ganz Analoges muss man aber auch von der dritten Stufe des Gedächtnisses sagen, dem Abrufen. Ist Ihr Kind in der Schule müde, dann unterlaufen ihm mehr und schwerere Fehler. Das fällt dann besonders ins Gewicht, wenn es Inhalte frei vortragen oder aufschreiben möchte. Grundsätzlich kann man nämlich auf weniger Inhalte frei zugreifen, als man wiedererkennen kann, etwa bei einem Multiple-Choice-Test.

Wer biologisch hellwach ist, schafft kognitiv mehr. Den Weg dorthin glättet zwar auch Kaffee etwas, aber das beste Rezept ist: in der Nacht zuvor genügend lange und gut schlafen. Medikamente übrigens taugen ganz und gar nicht dafür, um gesunde Kinder und Jugendliche wacher zu machen, damit sie kognitiv leistungsfähiger sind.

Kreativität, implizites Gedächtnis und Schlaf

Im Laufe der Geschichte gab es immer wieder Anekdoten darüber, dass jemandem eine zündende Idee im Schlaf kam. Eine der schönsten stammt von dem Chemiker Friedrich August Kekulé. Der hatte sehr lange über Kohlenstoff und die chemische Struktur des Benzols nachgedacht und war zu keiner widerspruchsfreien Lösung gekommen. Eines Nachts träumte er von einer Schlange, die sich in den Schwanz biss. Sie verschaffte ihm das Aha-Erlebnis über die Benzolstruktur. Es ist ein Ring; bis dahin kannte man nur Stoffe, deren Elemente sich in Ketten anordnen.

Auch solche Aha-Erlebnisse befördert guter Schlaf offenbar direkt. So bearbeiteten Probanden explizite Lernaufgaben, die sich durch einen Trick leichter lösen lassen. Auch wer diesen Trick während der Lernzeit nicht erkannt hatte, nutzte ihn nach dem Schlaf plötzlich. Im Schlaf hatten sich offenbar einige der Informationen regelrecht neu zusammengefügt. Man kann das auch als *Kreativität des Schlafs* bezeichnen.

Das könnte eine Brücke schlagen zum impliziten Lernen. Auch tagsüber geübte Bewegungen wie Ski fahren oder Zehn-Finger-Schreiben konsolidieren sich im Schlaf. Implizite Fertigkeiten scheinen sich primär im REM-Schlaf zu verbessern. Da sich auch der nicht geballt »nehmen« lässt, sondern immer nur als zweiter Teil eines ganzen Zyklus, bleibt nichts übrig als eine volle gute Nacht.

11. Wie viel Schlaf brauchen Kinder und Jugendliche?

Zwei Jahre entsprechen gut 17 500 Stunden. Betrachtet man die ersten beiden Lebensjahre, dann verbringen Kinder davon ungefähr 10 000 im Schlaf. Das kehrt sich bis zum Erwachsenenalter mindestens um: Selbst extreme erwachsene Langschläfer sind in zwei Jahren gut 10 000 Stunden wach, die meisten Leute mit 12 000 Stunden sogar deutlich länger. Im Zuge der Reifung reduziert sich also die Schlafdauer des Menschen ständig. Erst im dritten Lebensjahrzehnt pendelt sie sich auf das individuelle Maß dieser Person ein.

An diesem Punkt ist Ihr Kind noch längst nicht angelangt, auch wenn es kein Kind mehr ist. Als Eltern fragen Sie sich natürlich: Wo steht mein Kind momentan? Ist es weiter, als ich denke? Bekommt es in der Summe trotz allem genug Schlaf, brauchen wir gar nicht nachzudenken? Oder verursacht zu wenig Schlaf einen Schaden, der sich nicht beheben lässt? Sollten wir also eingreifen?

Die richtige Schlafdauer und wie sie sich verändert

Würde die Schlafdauer linear sinken, sich also in jedem Lebensjahr um die gleiche Zeitspanne verkürzen, wären das knapp 20 Minuten pro Jahr. Doch so ist es nicht. Es geht anfangs sehr schnell und verlangsamt sich später. So schlafen

Säuglinge bis zu 16 Stunden am Tag, Vierjährige im Schnitt nur noch zwölf. Mit zehn Jahren schlafen die meisten Kinder knapp zehn Stunden.

Im Jugendalter sinkt die Schlafdauer nur noch sehr langsam. Doch auf dem Erwachsenenstand ist sie noch nicht angekommen. Das bedeutet: Jugendliche zwischen 11 und 18 brauchen immer noch mehr Schlaf als Erwachsene. Am Anfang der Pubertät sind es noch neun Stunden, später sinkt es auf acht. Erst jetzt schält sich allmählich heraus, ob Ihr Kind auf lange Sicht eher ein normales Schlafbedürfnis von sieben bis acht Stunden hat oder eher zum sehr langen (acht bis zehn Stunden) oder sehr kurzen Schlaf neigt (fünf bis sieben Stunden).

Viele Jugendliche allerdings schlafen deutlich kürzer als neun Stunden, zumindest wochentags. In der internationalen Forschung ist das schon länger bekannt. Christoph Randler und Kollegen von der Pädagogischen Hochschule Heidelberg wollten es genauer wissen. Sie befragten 2009 knapp 800 Schüler ihrer Region zwischen elf und 20 Jahren. Von denen schlief wochentags gut die Hälfte acht bis neuneinhalb Stunden, doch fast jede/r zweite brachte es gerade mal auf sieben bis acht Stunden. An den Wochenenden schliefen sie sehr viel länger, nämlich etwa zwei Stunden. Diese kurz schlafenden Jugendlichen schlafen also reihenweise nach. Eine Forschergruppe aus Marburg um Manfred Betz berichtete 2012 für Azubis noch kürzere Schlafzeiten.

Insofern ist die internationale Klage berechtigt, dass heutige Jugendliche zu wenig schlafen. Normalerweise liegt das daran, dass sie abends zu lange wach bleiben, schließlich ist die Aufstehzeit vom Schulbeginn vorgegeben. Einige scheinen inzwischen unabhängig von der Schule früher aufzustehen, wie der Spiegel am 7. Mai 2012 berichtet: Sie nutzen die Zeit vor der Schule für die Pflege ihrer Netzwerk-»Freundschaften«. Wie viele das wirklich tun, weiß die Wissenschaft bisher allerdings nicht, genauso wenig wie über das Phänomen der »Gamer«, die nachts ihre schlafenden Mitspieler ausbooten.

Das Schlafbedürfnis des gesunden Organismus ist täglich gleich. Wer täglich normal schläft, schläft zwischendurch nicht sehr viel länger. Nur wer chronisch zu wenig Schlaf bekommt, kann überhaupt systematisch am Wochenende »nachschlafen«, vor allem volle zwei Stunden. Deshalb sind Jugendliche, die das regelmäßig tun, schlichtweg chronisch übermüdet.

Schlafzeiten – nur nachts oder auch am Tag?

Säuglinge schlafen im Vier-Stunden-Rhythmus. Doch auch wenn ein Kind durchzuschlafen beginnt, braucht es noch zwei, später dann eine Tagschlafphase. Etwa ab acht Jahren können Kinder tagsüber nicht mehr schlafen, das hat die amerikanische Schlafforscherin Mary Carskadon schon vor vielen Jahren nachgewiesen. Zwingen Sie also Ihr Schulkind nie dazu, mittags zu schlafen, auch wenn es eine Halbtagsschule besucht. Sie werden erstens nichts erreichen und zweitens seine Liebe zum Schlaf beeinträchtigen.

Allerdings sind Schlafzeiten immer auch stark kulturell geprägt, ja sogar geografisch. In sehr heißen Ländern hat sich meist eine ausgeprägte Siesta-Kultur entwickelt. Das war bis vor Kurzem auch in Europas Süden so, das Wort *Siesta* stammt aus dem Spanischen. Wir in Mitteleuropa müssen dagegen die Sonne der Mittagszeit ausnutzen. Darüber hinaus hat die »protestantische« Arbeitsethik, wie sie Max Weber nannte, den Mittagsschlaf nördlich der Alpen schon lange zum Inbegriff der Faulheit abgestempelt und sein Image nachhaltig beschädigt. Dennoch fällt es Jugendlichen ab zwölf biologisch wieder leicht, mittags ein Schläfchen einzulegen.

In jedem Fall fördert es den gesunden Schlaf, wenn Ihr Kind gerne ins Bett geht. Unterstützten Sie das durch zwei

Dinge: Betonen Sie gelegentlich, wie angenehm Schlafen für Sie selbst ist; Erwachsene können eben nicht mehr so lange schlafen wie Kinder. Und schicken Sie Ihr Kind niemals, wirklich niemals ins Bett, um es zu bestrafen. Über Bestrafung kann man generell streiten; viele Methoden sind demütigend und damit seit dem Jahr 2000 sogar verboten, vieles andere bewirkt das Gegenteil dessen, was man bewirken will. Aber wer sein Kind zur Strafe ins Bett schickt, provoziert eine Katastrophe: Damit lernt das Kind, das Bett und den Schlaf zu hassen. Und zwar implizit und damit nachhaltig. Das schadet ihm.

Müde Jugendliche

Als Eltern können Sie Ihrem noch nicht erwachsenen Kind viel Gutes tun, wenn Sie versuchen, bei seinen Bettzeiten mitzureden. Das gelingt natürlich leichter mit 11 als mit 17 Jahren. Je länger Sie aber das Vertrauensverhältnis so eng halten, dass das möglich ist, umso besser. Besonders sinnvoll ist es, wenn Sie darauf achten, dass Ihr Kind jeden Tag ungefähr regelmäßig schläft. Dann ist es kein Problem, wenn es am Wochenende ein wenig länger ausschläft.

Das Schlafdefizit ist nicht der einzige Grund dafür, dass Jugendliche müder sind als jüngere Kinder. In Kapitel 9 habe ich schon darauf hingewiesen, dass sie nicht nur deutlich weniger Zeit im Tiefschlaf verbringen als jüngere Kinder. Zusätzlich verändert sich noch die Qualität des Tiefschlafs, er wird weniger »tief«, die Delta-Wellen werden etwas flacher und schneller. Schon dadurch fühlen sie sich weniger ausgeschlafen. Schlafen sie dann chronisch weniger, als sie müssten, verstärkt das den Effekt. Natürlich sind sie dann ständig müde.

Es gibt auch Schlafstörungen, die sich vor allem in großer Müdigkeit zeigen; damit beschäftigen wir uns in Kapitel 14.

In dieser Zeit beginnt das Frontalhirn auszureifen, das

von der Stirn bis zur Kopfmitte reicht. Das zeigt sich kognitiv und emotional: Kognitiv können die Jugendlichen jetzt besser planen, sie bewahren in komplexen Situationen leichter den Überblick und betätigen sich geistig immer selbstständiger. Sie können immer besser abstrakt und flexibel denken, und sie tun es kreativer. Außerdem entwickeln sie neue emotionale Fähigkeiten, können etwa spontane Handlungsimpulse im Griff haben, sind ihren eigenen Emotionen weniger ausgeliefert und können sie aktiver steuern (das heißt nicht, sie ignorieren). Allerdings sollten sie dafür definitiv wach sein.

Müdigkeit und Schulleistung

Kinder und Jugendliche, die gut und ausreichend lange schlafen, sind allgemein gesünder und fitter. Sie sind auch erheblich seltener krankhaft dick. Das mag gegen die Intuition gehen – schließlich könnte man auch denken, im Schlaf spare der Organismus Energie und wenn er besonders lange wach bleibt, verbrauche er mehr. Aber es ist umgekehrt: Die Biologie sieht es vor, dass wir nachts schlafen; damit wir nicht aufwachen, unterdrückt sie im Schlaf das Hungergefühl. Wer dann nicht schläft, bekommt Hunger.

Ob Schlafmangel die Schulleistung beeinträchtigt, hat man natürlich oft geprüft, am häufigsten die Frage, welche Jugendlichen besser in der Schule sind. Fast immer kam heraus, dass Schüler etwas bessere Noten haben, wenn sie länger schlafen. Doch das genügt noch nicht, einem bestimmten Individuum mehr Schlaf zu empfehlen. Aussagekräftiger ist deshalb ein anderes Ergebnis: Schüler haben umso schlechtere Noten, je müder sie tagsüber sind. Und das ist nicht einfach ein Gefühl: In einer US-Studie berichtete kürzlich jeder dritte Jugendliche, in der Woche zuvor mindestens einmal in der Schule eingeschlafen zu sein. Im Schlaf schreibt niemand gute Noten. Versuchen Sie also mit

Ihrem Kind zu verhandeln, wenigstens so früh schlafen zu gehen, dass es während der Schule niemals einschläft.

Nun könnten ja schlechtere Schüler auch einfach keine Lust auf Schule haben und deshalb weniger schlafen. Deshalb stellten Dean Beebe und Kollegen aus Cincinnati 2010 die Frage andersherum. Drei Wochen lang richteten 20 Jugendliche ihre Schlafdauer nach den Wissenschaftlern: Eine Woche lang schliefen sie wie sonst auch, eine Schulwoche täglich zehn und eine Schulwoche täglich sechseinhalb Stunden. Am Ende jeder Woche sahen sie einen Unterrichtsfilm an und waren dabei an ein EEG angeschlossen. Das Ergebnis war eindeutig: Nach der Kurzschlaf-Woche hatten sie deutliche Konzentrationsprobleme und zeigten im EEG während des Films viele Theta-Wellen, also klaren Schlaf. Nicht ganz verwunderlich: Im Anschluss konnten sie weniger Fragen zum Film beantworten.

Zu wenig Schlaf macht müde und senkt die Leistung schon bei einfachen Aufgaben und verdirbt außerdem die Freude daran. Gerade Jugendliche sollten diese Zusammenhänge kennen. Sprechen Sie als Eltern immer positiv über den Schlaf. Stellen Sie es aber nicht als Zusatzanforderung dar, ausreichend zu schlafen. Dann haben Sie gute Chancen, dass Ihr Kind von sich aus keine Lust auf Müdigkeit hat und nicht ausgerechnet an der Schlafdauer sein Erwachsenwerden zeigen möchte.

12. Wie Licht den »blauen Montag« zähmt

An einem Tag der Woche fällt die Müdigkeit ganz besonders auf: am Montag. Bei Lehrern heißt er deshalb auch »blauer Montag«; wer es organisatorisch machen kann, setzt zumindest in den ersten Montagsstunden keine Prüfungsaufgabe an.

Party am Wochenende

Jugendlichen geht es ähnlich wie Erwachsenen, die am Wochenende frei haben: Sie schlafen aus. Deshalb finden Veranstaltungen, Feiern und Feste, die länger dauern, bevorzugt am Freitag- oder Samstagabend statt. Bei den Jugendlichen beginnt die Party spät und dauert lange, und je älter sie sind, umso später darf es werden.

Deshalb definieren sie »ausschlafen« am Wochenende oft genug sehr speziell: Sie schlafen nicht einfach morgens zwei Stunden länger. Sie gehen auch noch sehr viel später schlafen als wochentags; die längere Dauer schaffen sie nur, wenn sie ihre gesamte Schlafenszeit in den Tag hinein verschieben, notfalls ziemlich weit. Das fällt denjenigen am leichtesten, die sich besonders intensiv zum Abendtyp gewandelt haben.

Eltern halten das meist nicht für normal, und sie haben leider recht. Das zeigt sich spätestens am Sonntagabend. Will ein Jugendlicher dann so schlafen gehen wie wochentags, um am Montag früh einigermaßen gut aufstehen zu können, hat er nämlich ein Problem: Es klappt nicht, er ist hellwach. Notgedrungen wird es auch am Sonntag deutlich später als normal. Die Nacht wird sehr kurz und morgens ist er hundemüde. Keine Spur von wach und fit. Der »blaue Montag« und die ganze Woche beginnen todmüde, stressig und ineffektiv.

Nun ist es keine allzu kluge Option, das Feiern einfach verbieten zu wollen. Auch die naheliegende Idee mancher Schüler hilft nicht viel: montags ausschlafen und sehr viel später kommen »dürfen«. Das würde das Problem nämlich nur noch verschärfen. Es brächte das Gleichgewicht zwischen Wachen und Schlafen endgültig durcheinander und am Schluss auch noch die Innere Uhr aus dem Takt. Kann man anders helfen?

Sonntags schlafen Jugendliche oft noch schlechter

Bei gesunden Menschen wechseln sich Schlafen und Wachsein ab und halten sich dabei in einer Art Gleichgewicht. Nach einer gewissen Zeit in dem einen Zustand versucht der Organismus, in den anderen zu wechseln; das ist ähnlich wie bei Hunger und Essen. Deshalb schlafen wir nicht nur leichter ein, wenn wir schon sehr lange wach sind; wir schlafen auch länger und besser. In der Schlafforschung spricht man auch von *sleep debt,* Schlafschuld. Da Jugendliche normalerweise etwa acht bis neun Stunden Schlaf brauchen, sind sie zwischen 15 und 16 Stunden wach. Nach dieser Zeit erst ist das Gehirn bereit zum Schlafen – außer, das andauernde Schlafdefizit ist extrem.

Wer also sonntags um 13 Uhr aufgestanden ist und dann um 22 Uhr schlafen möchte, ist gerade mal seit elf Stunden wach. Das ist zu kurz. Versucht es eine Jugendliche trotzdem und schläft schließlich tatsächlich ein, dann wacht sie bald wieder auf. Das ist ähnlich wie beim Mittagsschlaf: Der dauert meist 20 Minuten, und mehr als anderthalb Stunden werden es selten. Diese Jugendliche kann nach elf Stunden Wachsein nur dann normal einschlafen, wenn ihr Schlafdefizit erheblich ist, obwohl sie bis mittags geschlafen hat.

Zusätzlich gibt die Innere Uhr Zeitfenster vor, wann wir gut einschlafen können. Das hat mit der Körpertemperatur

zu tun, die genauso wie Schlafen und Wachen einem zirkadianen Tagesrhythmus folgt. Sie steigt ab dem frühen Morgen an, ab dem späten Nachmittag sinkt sie und erreicht
zwischen 2 und 4 Uhr morgens ihren niedrigsten Wert. Gut
einschlafen können wir, wenn die Temperatur deutlich unter ihr Maximum gesunken ist. Das ist auch die beste Zeit
für den Tiefschlaf. Sobald die Temperatur nach ihrem Minimum wieder ansteigt, sinkt der Tiefschlafanteil, mittelalte
Erwachsene schlafen dann nur noch leicht.

Wann die Temperatur ihr Minimum erreicht, hängt vom
Chronotyp ab. Bei Morgentypen ist es eher gegen 2 Uhr, bei
Abendtypen zwei bis drei Stunden später, während der
Sommerzeit jeweils später. Geht Ihr Teenager also morgens
um 5 Uhr schlafen, hat er weniger Tiefschlaf als normal.
Auch als Abendtyp, und auch, wenn er hundemüde ist.
Richtig wach kann er nach diesem Schlaf nicht sein. Noch
schlechter ist die Erholung, wenn er auf der Party Alkohol
getrunken hat. Alkohol macht nämlich subjektiv zwar müde,
objektiv aber beeinträchtigt er massiv den Tiefschlaf, solange
er im Blut kreist. Je nach Menge kann das lange dauern.

Zeitgeber, Melatonin und Licht

Wirklich gut schlafen wir dann, wenn der Schlaf-Wach-
Rhythmus parallel zur Körpertemperatur verläuft und
beide parallel zu Tag und Nacht. In der Fachsprache nennt
man das *synchron*.

Das ist nicht automatisch. Schließlich besagt das »zirka«,
dass zirkadiane Rhythmen nicht unbedingt gleich lange
dauern und schon gar nicht exakt 24 Stunden. Sie können
nur dann synchron schwingen, wenn es etwas gibt, was sie
synchronisiert. Das sind die *Zeitgeber*. Der wichtigste Zeitgeber ist helles Licht. Doch auch Regelmäßigkeit und soziale Ereignisse synchronisieren die Rhythmen, angefangen
von Essenszeiten bis zur Schule.

Licht ist der intensivste Zeitgeber. Es taktet das Rhythmushormon *Melatonin*, einfach indem es verschwindet. Guter Nachtschlaf kann erst beginnen, wenn genügend Melatonin zirkuliert, insofern bereitet Melatonin den Organismus auf den Schlaf vor. Aber es ist kein Schlafmittel; man schläft nicht besser, wenn mehr zirkuliert.

Das Melatonin wird auch als *Dunkelhormon* bezeichnet. Ist es nachts hell beleuchtet, wird es nicht gebildet. Dafür genügt es sogar, dass nächtliches Licht einen hohen Blauanteil hat, ohne sonderlich hell zu sein (Kapitel 7). Das ist bei »kaltweißem« LED-Licht so und bei einigen LED-Bildschirmen. Christian Cajochen und seine Basler Arbeitsgruppe haben nachgewiesen, dass Leute bei Licht mit hohem Blauanteil nachts am Bildschirm wacher bleiben. Für Nachtarbeiter ist das gut. Wenn man bald schlafen möchte, ist es hinderlich. Etwa zwei Stunden vor dem Schlafengehen stören deshalb LED-Bildschirme. Und das an allen Abenden der Woche.

Den blauen Montag entschärfen

Es hilft nichts: Wer am Sonntag bis Mittag geschlafen hat, kann abends nicht rechtzeitig müde sein. Die Samstagsfeier sollte also eher kürzer dauern als die am Freitag. Ein etwas müder Sonntag ist allemal besser als ein richtig blauer Montag. Wenn Sie ein vertrauensvolles Verhältnis haben, sollten Sie das verständlich erklären können – und entsprechend aushandeln.

Zusätzlich benötigt die innere Uhr die richtigen Impulse, um abends den Schlaf gut bahnen zu können. Dafür muss es abends ausreichend dunkel sein, mindestens eine, besser zwei Stunden vor dem Schlafengehen. Vorhänge oder Rollläden halten die Außenbeleuchtung ab. Innen hat das Licht abends wenig Blauanteile, ist also als warmweiß gekennzeichnet. Und der LED-Bildschirm bleibt aus.

Morgens hilft das helles Licht beim Wachwerden. Auch ein Lichtwecker kann Wunder wirken. Der weckt nicht mit Tönen, sondern simuliert den Sonnenaufgang: Er wird einfach immer heller. Jugendliche, die mit einem Lichtwecker aufwachen, sind schneller wach und tagsüber fitter. In der Schule schließlich ist das Licht mit Blauanteilen positiv, weil es wacher macht (siehe Kapitel 7). Zu Fuß oder per Fahrrad in die Schule zu kommen ist nicht nur wegen der Bewegung optimal, sondern auch wegen des Sonnenlichts.

Da Morgentypen ohnehin mehr Regelmäßigkeit benötigen, tun sie sich leichter, die Zeitregeln einzuhalten. Jugendliche, die sehr stark zu Abendtypen geworden sind, schlafen anfangs ganz gut, wenn es unregelmäßig wird. Doch irgendwann kann die Unregelmäßigkeit gerade bei ihnen die Rhythmen völlig aus dem Takt bringen. Dem sollten Sie vorbeugen. Die Wege sind so einfach wie spießig: Mehr Regelmäßigkeit, durchgefeierte Nächte nur in Ausnahmefällen, helles Licht am Morgen und Dunkelheit am Abend.

13. Schlaf und Stress

Sie wiederholen sich in kurzen Zeitabständen, die Meldungen, heutige Schüler würden immer stärker unter Stress leiden. Gleichzeitig feiert auch die Behauptung immer wieder fröhliche Urständ, die besagt, Schüler bräuchten eine gewisse Menge Stress, um überhaupt etwas zu leisten. Kippen würde es erst, wenn es zu viel würde.

Was man in der Psychologie unter Stress versteht

Das Wort Stress reicht weit: von Beanspruchung über (An-) Spannung oder Belastung bis zu Überlastung. Gerade die Übersetzung »Spannung« zeigt, dass Stress nicht automatisch schlecht sein muss. Nehmen Sie Muskelspannung. Ist sie zu stark, sind wir verspannt oder haben gar Krämpfe, fällt sie völlig weg, sind wir bewegungsunfähig. Wir brauchen also eine mittlere Muskelspannung. Deshalb hat die Fachsprache auch immer wieder *Eustress* benutzt, gute Spannung, also so viel, dass überhaupt etwas passiert. Schädlich ist der Stress dann, wenn die Anspannung sehr hoch ist, und das zu lange, körperlich wie seelisch.

Biologisch ist Stress eine Reaktion, mit der sich der Organismus darauf vorbereitet, in einer Gefahrensituation blitzschnell handeln zu können. Das ist notwendig, weil er dann entweder kämpfen oder sich in Sicherheit bringen muss. Im Grunde bedeutet Stress, dass der Organismus alle Energien bündelt, um eine körperliche Ausnahmeleistung zu ermöglichen. Die begleitenden Hormone sind vor allem Adrenalin und Kortisol, die *Stresshormone*. Kortisol wirkt sofort auf die Muskulatur. Es hat aber auch direkt mit Wachsein zu tun. Einmal täglich wird es nämlich auch ganz langsam ausgeschüttet, in der zweiten Nachthälfte. Damit werden wir allmählich so wach, dass wir aufstehen können.

Wenn zwei Menschen dasselbe Stressereignis erleben –
man sagt auch *Stressor* dazu –, dann empfinden sie das nicht
als gleich intensiv; es hat also auch einen individuellen Anteil. Wenn man in der psychologischen Forschung Menschen ein wenig unter Stress setzen möchte, bittet man sie
zum Beispiel, laut im Kopf zu rechnen. Viele Menschen haben ein Problem mit dem Rechnen, sie fühlen sich da wirklich gestresst; bei Leuten, die gerne rechnen, ist das weniger
stark.

Bekannt wurde der Begriff Stress über die Idee der Ma-
nagerkrankheit, heute leiden schon Grundschulkinder unter Stress. Im Jahr 2008 hat Forsa Eltern befragt, wie sie den
Stress des Nachwuchses einschätzen. Das Ergebnis findet
sich auf statista.com: Die Eltern mindestens jedes fünften
Schülers unter 18 Jahren sagen, ihr Kind leide sehr häufig
oder häufig unter Stress, gerade mal ein gutes Drittel bekommt nie mit, dass Stress herrscht.

Ursachen für Stress

Schülerinnen und Schüler erleben vor allem in vier Lebensbereichen Stress. Das fällt mehr ins Gewicht, wenn sie chronisch übermüdet sind:

- Die Schulklasse als sozialer Ort: Es verursacht Stress,
  wenn sich Ihr Kind in der Klasse nicht aufgehoben fühlt,
  wenn es Mobbing gibt (selbst wenn es nicht selbst das
  Opfer ist), wenn jemand ausgegrenzt wird, wenn Lehr
  kräfte Schüler demütigen. Am meisten Stress macht die
  Angst.
- Die Schule als Ort, wo Ihr Kind bewertet wird: Ob Noten, ob Ranglisten, ob Verhaltenseinschätzungen – Kinder und Jugendliche fühlen sich immer als ganze Person
  bewertet. Wird dabei das Selbstwertgefühl beschädigt,
  kann das Stress verursachen, Angst natürlich noch mehr.

- Gleichaltrige außerhalb der Klasse: Gerade für Jugendliche sind Freundschaften mit Gleichaltrigen lebenswichtig, auch außerhalb der Schule. Doch auch dort gibt es Konflikte bis hin zu Aggressionen.
- Eltern und Familie: Die wichtigsten Stressoren sind mangelndes Vertrauen zu den Eltern, starker Druck, gute Noten abzuliefern, und hohe Anforderungen an die Freizeit. Auch wenn Sie als Eltern die Arbeitssituation Ihres Kindes nicht wirklich verstehen, bereitet das Stress. Ein besonders starker Stressor ist es, wenn ständig Konflikte zwischen den Eltern im Raum stehen, und noch mehr, wenn Gewalt im Spiel ist, auch verbale. Eine Trennung der Eltern stresst vor allem dann, wenn die Eltern Feinde werden oder wenn sich das Kind mit einem neuen Lebenspartner nicht versteht.

Stress beeinflusst den Schlaf und umgekehrt

Schlaf und Stress sind in beide Richtungen miteinander verknüpft. Das kann sich zu einem klassischen Teufelskreis auswachsen: Schlechter Schlaf macht müde und er steigert die Stressempfindlichkeit. Umgekehrt verschlechtert es den Schlaf, wenn jemand Stress erlebt.

Schläft Ihr Kind öfter schlecht – auch im Jugendalter –, dann beeinträchtigt das seine Fähigkeit, mit Stress zurechtzukommen. Einerseits ist es dann müde, weniger leistungsfähig und emotional labiler. Ein müdes Kind fühlt sich aber durch mehr Dinge gestresst als eines, das wach und fit ist. Andererseits braucht es dann länger, um diese Dinge zu verarbeiten. Logischerweise wertet das Gehirn diesen Stressor als sehr wichtige Information. Taucht er im Schlaf noch einmal auf, wird prompt das ganze Ereignis neu gespeichert und damit unnötig lange im Gedächtnis vorgehalten.

Umgekehrt verschlechtert es den Schlaf Ihres Kindes, wenn es sich tagsüber gestresst fühlt. Ob Notenstress oder

Krach mit der besten Freundin: Jeder erlebte Stress ist
bedrohlich und stellt deshalb einen starken Reiz dar, auch
nachts. Ein starker Reiz kann leichter wecken als ein neu-
traler. Auch wenn das »Kind« schon jugendlich ist: Es
schläft schlechter ein und wacht nachts häufiger auf. Das
zerstückelt den Schlaf – in der Fachsprache: Es fragmen-
tiert ihn. Dadurch wird er kürzer und flacher. Das kann
man auch leicht biochemisch erklären: Stress erhöht den
Kortisolspiegel. Und ein hoher Kortisolspiegel weckt auf.
Leidet Ihr Kind unter speziellen Schlafstörungen wie Schlafwandeln, Albträumen oder Nachtängsten, dann verschlechtert sich das unter Stress.

Die Dinge schaukeln sich auch gegenseitig hoch. Eltern
haben ja öfters stärkere Konflikte und nicht wenige tragen
sie offen vor ihren Kindern aus. 2012 hat eine Basler Arbeitsgruppe bei 176 Jugendlichen untersucht, wie sie auf
Streit der Eltern reagieren. Normal schlafende Jugendliche
steckten das erheblich besser weg als Jugendliche, die häufig
zu wenig schliefen. Letztere reagierten häufiger als die Nor-
malschläfer selbst aggressiv.

Den Stress klein halten

Es ist also als Erstes sinnvoll, keinen überflüssigen Stress zu
produzieren. Es ist aber als Zweites genauso sinnvoll, ihrem
Kind zu zeigen, wie es schwierige Ereignisse bewältigt.

Es gehört zum Leben, dass Schwierigkeiten auftauchen
und dass sie Stress bereiten können. Kinder und Jugendliche reifen auch dadurch, dass sie allmählich lernen, wie sie
ihrem jeweiligen Stress kompetent begegnen können. Die
Betonung liegt auf allmählich und auf lernen. Auf diesem
Weg sind Sie zweifach gefragt: einmal als elterliche Begleitung, und einmal als Modell, von dem sie lernen können.

Wenn Sie als Eltern Ihre eigenen Konflikte immer wieder
konstruktiv zu lösen vermögen – auch wenn das dauert –,

kann Ihr Kind implizit lernen, dass mancher Stress nicht sein muss. Erwachsenwerden heißt, sich auseinandersetzen und die Dinge entschärfen. Es heißt nicht, alles »wegstecken« nach dem beliebten Motto: »Was mich nicht umbringt, macht mich stark«.

Zur Begleitung gehört, dass Sie zu Hause keinen Stress produzieren, der sich vermeiden ließe. Und es gehört dazu, dass Sie Ihr Kind in sozialen Konflikten unterstützen, indem Sie zuhören, nachfragen, klären und dann nach Lösungen suchen. Sie tun ihm nichts Gutes, wenn Sie den übrigen Beteiligten die »Schuld« geben.

14. Schlafstörungen bei Kindern und Jugendlichen

Es dauert Monate, bis Kinder überhaupt durchschlafen. Als zirkadianer Rhythmus haben sich Schlafen und Wachen erst nach Jahren gefestigt; etwa bis zum Schulalter brauchen die meisten Kinder zusätzlich einen Mittagsschlaf. Selbst wenn der Nachtschlaf dann zur einzigen Schlafphase geworden ist, muss er noch nicht robust sein. Gerade viele jüngere Kinder schlafen schwer ein oder benötigen dafür ein langwieriges Ritual, andere wachen nachts häufig und länger auf.

Bei vielen verschwinden die Schwierigkeiten parallel dazu, dass das Nervensystem ausreift. Bei manchen halten die Schlafprobleme bis ins Jugendalter an. Andererseits entwickeln auch Jugendliche Schlafstörungen, die als Kinder keine Probleme hatten. Egal in welchem Alter: Wenn Ihr Kind dauerhaft schlecht schläft oder tagsüber müde ist, ist das ein Grund, Ihre Kinder- und Jugendärztin aufzusuchen.

Es ist kein Grund für chemische Schlafmittel. Die taugen auch für Erwachsene nur in Ausnahmefällen; bei einem Gehirn, das sich noch entwickelt, taugen sie nie.

Häufige Schlafstörungen im Kindes- und Jugendalter

Den Albtraum habe ich schon in Kapitel 9 kurz angesprochen. Biologisch und psychologisch gesehen handelt es sich um einen schweren Angsttraum, der in einem REM-Stadium der zweiten Nachthälfte auftritt. Das Kind schreckt auf und ist sofort vollständig wach. Es zeigt große Angst und kann den schrecklichen Trauminhalt erzählen. Albträume sind immer ein Angstereignis. Es gibt verschiedene Ursachen dafür, zu den schlimmsten gehören traumatische Ereignisse, zu den häufigsten Stress.

Albträume sind besonders häufig mit zehn Jahren, später werden sie seltener. Aber sie kommen noch vor: Jede/r zehnte Studierende erwacht mindestens einmal pro Monat aus einem Albtraum. Wurde jemand als Kind traumatisiert, dann kann das Trauma bis ins Erwachsenenalter Albträume hervorrufen.

Die zweite häufige Schlafstörung bei Kindern und Jugendlichen ist das Schlafwandeln. Fast jedes zweite Vorschulkind ist schon einmal schlafgewandelt. Aber nur 2 bis 3 Prozent tun es häufig, und wenn Kinder älter werden, werden es immer weniger; es wächst sich also weitgehend aus. Wer schlafwandelt, steht auf, wandert herum und vollzieht Handlungen, die halbsinnvoll erscheinen. Die viel zitierte »schlafwandlerische Sicherheit« ist jedoch ein Märchen: Schlafwandler verletzen sich leicht, vor allem in einer unbekannten Umgebung.

Schlafwandlern ist nie bewusst, was sie gerade tun, und sie sind auch nicht richtig ansprechbar. Das liegt daran, dass Schlafwandeln aus dem Tiefschlaf heraus erfolgt, eher in der ersten Nachthälfte. Dabei sind einige Teile des

Gehirns wach, andere schlafen nach wie vor, und zwar tief. Auch Sprechen im Schlaf ist ein solches Teilerwachen, man sagt auch »Teilarousal«. Es spiegelt wahrscheinlich wider, dass das Gehirn noch nicht ausgereift ist, es macht an einer Stelle dies, an anderer etwas anderes. Es gibt »Schlafwandler-Familien«, also eine genetische »Neigung« zum Schlafwandeln. Doch äußere Ereignisse beeinflussen stark, wann es passiert: Schlafwandeln wird sofort schlimmer, wenn die Betroffenen Stress haben oder ein Schlafdefizit.

Auch nächtliche Atemprobleme, oft verbunden mit leichtem Schnarchen, sind bei Kindern häufig, und auch das nimmt mit der Reife ab. Bei Jugendlichen sind es noch 2 bis 3 Prozent. Die Betroffenen schnarchen nicht laut wie ältere Erwachsene. Sie atmen vielmehr oft mit offenem Mund, was ihn austrocknet, schwitzen sich nass oder leiden unter Kopfschmerzen. Sie wachen leicht auf, ihr Organismus ist wegen der Atemprobleme zu schlecht mit Sauerstoff versorgt. Tagsüber sind Kinder und Jugendliche mit nächtlichen Atemstörungen meist müde und unausgeschlafen, können sich schlecht konzentrieren und verhalten sich gelegentlich sozial unangemessen.

Bei jüngeren Kindern ist dieses Problem häufig und es hat Folgen: Immerhin jeder fünfte »schlechte« Schüler bekommt nachts schlicht und einfach zu wenig Luft. In diesem Alter ist die Ursache oft eine vergrößerte Rachenmandel; die kann man entfernen, und das verbessert die Lage meistens.

Der Fachbegriff für die Erkrankung ist »obstruktive Schlafapnoe«, also Luftmangel während des Schlafs, weil die Atemwege nicht durchgängig sind. Hörbares Schnarchen ist deshalb immer ein Anlass, zum Arzt zu gehen. Doch als Eltern können Sie nicht immer hören, wenn Ihr Kind im Schlaf zu wenig Luft bekommt. Was Sie merken: Das Kind kann sich schlecht konzentrieren und schreibt schlechte Noten. Das kann zwar viele Gründe haben; einer aber ist eine kindliche Apnoe.

Ein- und Durchschlafprobleme bei Jugendlichen

Jüngere Kinder leiden häufiger unter den obigen, eher organisch bedingten Schlafstörungen. Jugendliche nähern sich in diesem Punkt schon den Erwachsenen an: Sie klagen vor allem über Ein- und Durchschlafstörungen. Diese Jugendlichen brauchen mehr als eine halbe Stunde zum Einschlafen und liegen nachts länger wach. Das Schlafdefizit beeinträchtigt ihre gesamte körperliche und geistige Entwicklung, und es zeigt sich auch in der Schule.

Besonders gefährdet sind Jugendliche, die sich einen verschobenen Rhythmus angewöhnt haben (Kapitel 8 und 12), sodass sie erst gegen Mitternacht ans Schlafen denken können. Auch Jugendliche, die in ihrem Zimmer viele elektronische Geräte haben und benutzen, schlafen häufiger schlecht. Das liegt nicht unbedingt an irgendeiner Strahlung.

Zum einen halten manche Bildschirme direkt wach, weil sie mit blauwelligem Licht arbeiten. Zum anderen ist es psychisch: Wer abends fernsieht oder sich im Internet bewegt, vor allem wenn er online spielt, ist geistig aufgeputscht. Dann hat das Gehirn Probleme, auf den Langsammodus zu schalten. Ähnlich an- (oder auch auf-)regen können Offline-Beschäftigungen, vom Krimilesen bis zum Hausaufgaben-Erledigen. Die Folgen sind gleich: Probleme mit Ein- und Durchschlafen. Das verschärft sich, wenn der oder die Jugendliche noch gezielt Stoffe einnimmt, um länger durchzuhalten. Koffeinhaltige Getränke wie Kaffee, Tee, Cola und alle Energy-Drinks halten nämlich tatsächlich wach, aber deutlich länger, als man das geplant hatte. Übrigens nicht nur Jugendliche. Die Halbwertszeit sind fünf Stunden: Danach kreist noch die Hälfte des Koffeins im Blut. Der Schluss: Zwei Stunden vor dem Schlafengehen nichts, was emotional aufputscht, und ab dem Nachmittag kein Koffein. Wachmachende Medikamente schon gleich gar nicht.

Stellt sich der Schlaf mehrere Nächte hintereinander nur schwer ein, dann gibt es ein Problem: Schlafstörungen haben die Tendenz, sich in einem Teufelskreis selbst zu verschärfen und damit zu verselbstständigen. Die wichtigsten Mechanismen: Man bekommt Angst davor, »wieder« schlecht zu schlafen, und man gewöhnt sich Verhaltensweisen an, die den Schlaf stören. Das lässt sich teilweise verhindern. Mehr darüber erfahren Sie in Kapitel 15.

Wie viele Kinder und Jugendliche sind betroffen?

Wie häufig jüngere Kinder unter den alterstypischen Schlafproblemen leiden, steht am Beginn dieses Kapitels. Bei den Jugendlichen hat mindestens jede/r zehnte gewichtigere Probleme mit dem Schlafen, insbesondere Ein- und Durchschlafstörungen, und das regelmäßig. Das sagen die Eltern. Befragt man ältere Kinder und Jugendliche selbst, dann sind es noch viel mehr. Es gibt also sehr viele Jugendliche, die schlecht schlafen, es aber ihren Eltern nicht erzählen.

Doch bereits 10 Prozent sind zwei bis drei Jugendliche in jeder Schulklasse. Schlechter Schlaf ist nicht nur für die Betroffenen unangenehm; je nach Wohnsituation und Verhalten kann er auch den Schlaf der übrigen Familienmitglieder stören. Ganz alleine können die Jugendlichen da nicht gegensteuern.

Fragen Sie gelegentlich vorsichtig nach, wie gut Ihr Kind schläft, vor allem dann, wenn es tagsüber auffallend müde ist oder selbst über Konzentrationsmängel klagt. Schlechter Schlaf sollte einem nie egal sein. Häufig helfen schon die Maßnahmen aus Kapitel 15. Wenn sich dadurch nichts ändert, gibt es auch unter den Kinderärzten oder Kinder- und Jugendlichenpsychotherapeuten Fachleute, die sich auf Schlaf spezialisiert haben.

15. Eltern unterstützen den Schlaf ihrer Kinder

Je jünger Ihr Kind ist, umso mehr Einfluss können Sie darauf nehmen, wann es schlafen geht. Entscheidend ist aber nicht nur, wie lange es schläft, sondern auch, wie gut. Wollen Sie dazu beitragen, müssen Sie mehr tun, als die Schlafenszeiten zu bestimmen.

Die individuell richtige Schlafdauer

Was wir als *normale Schlafdauern* für jedes Lebensalter bezeichnen, sind Durchschnittswerte. Was Ihr Kind braucht, kann durchaus ein bis zwei Stunden davon abweichen, nach oben wie nach unten. Das wichtigste Kriterium ist, ob es morgens gut aus dem Bett kommt und dann tagsüber so wach ist, dass es sich wohlfühlt und die Schule gut erledigen kann. Es bleibt nichts übrig, als genau das immer besser selbst zu erkennen.

Kämpfen Sie mit Ihrem 10-jährigen Kind um die Schlafenszeit? Dann versuchen Sie alles, damit sich das ändert. Machtworte führen keineswegs sicher dazu, dass Ihr Kind genug schläft. Es geht halt ins Bett. Oft genug ist es wegen des »Kampfs« wütend. Wut ist aber das Gegenteil von Entspannung, und die ist zum guten Einschlafen fast unerlässlich. Selbst wenn das Kind nicht wütend ist, versucht es zumindest zu demonstrieren, dass es nicht so müde ist, wie die Eltern behaupten. Es hält sich mit aller Kraft wach. In beiden Fällen schläft es später, als sein Organismus eigentlich schlafen möchte. Das führt unweigerlich ins Schlafdefizit – Müdigkeit und Entwicklungsstörungen inbegriffen.

Spätestens ab 16, 17 Jahren ist es allerdings ein Irrtum, den Jugendlichen in diesem Punkt etwas vorschreiben zu wollen. Wenn sie seit Langem daran gewöhnt sind, das

Schlafbedürfnis ihres Organismus zu respektieren, dann tun sie es weiterhin. Hat es bis dahin Kämpfe gegeben, dann ist es ihnen tendenziell wichtiger zu zeigen, mit wie wenig Schlaf sie auskommen; so können sie sich leicht in ein Schlafdefizit hineinmanövrieren. Das gilt besonders für Jugendliche, die deshalb extreme Abendtypen geworden sind, weil Gruppendruck oder ihr eigener Drang nach dem Internet das verschärft hat. Dann ist es ihnen egal, was wissenschaftliche Befunde über den Schlaf sagen.

Guter Schlaf braucht ein gutes Image

Tun Sie deshalb alles dafür, dass Ihr Kind schon in der Grundschulzeit nicht aufhört, richtig gerne zu schlafen. Sie tun das Gegenteil, wenn Sie Ihr Kind zur Strafe ins Bett schicken. Je häufiger ein Kind so etwas erlebt hat, umso wahrscheinlicher verknüpft es in seinem Kopf Schlafen und Bett nicht mit Freude, Entspannung und Erholung, wie es normal ist. Stattdessen lernt es, und zwar implizit, dass Bett etwas mit Angst und Macht zu tun hat. Implizit heißt: automatisch, unbewusst und nachhaltig. Egal wie alt jemand ist: Angst wollen wir alle vermeiden. Wer das Bett und damit den Schlaf also mit Angst oder Machtdemonstrationen verbindet, will damit nichts zu tun haben.

Generell trägt ein schlechtes Schlafimage dazu bei, dass Kinder und Jugendliche das Schlafen verachten. Schlechtes Image wird zum Beispiel von der durchaus gängigen Idee transportiert, Schlaf sei Kinderkram, während Erwachsene mit wenig oder gar sehr wenig Schlaf auskämen. Sie spielen dem Image aber auch übel mit, wenn Sie den Schlaf ausschließlich als Mittel zum Zweck darstellen, etwa um gute Schulleistungen zu erzielen. Vielleicht ist es Ihrem Kind ja momentan wichtiger, vor den Gleichaltrigen gut dazustehen – oder spätabends noch im Netz unterwegs zu sein.

Wie Eltern sich verhalten

Das beste Image geben Sie dem Schlaf, wenn Sie ihn als das darstellen, was er im Grunde ja ist: eine wunderbare Sache. Das klappt natürlich nur, wenn Sie ihn selbst auch genießen und nicht schlecht gelaunt und notgedrungen »ableisten«.

Einige andere Verhaltensweisen Ihrerseits beeinflussen direkt den Schlaf Ihrer Kinder. Zum einen beeinträchtigen alle gängigen Genussgifte von Alkohol über Nikotin bis zu Koffein die Schlafqualität. Alkohol entspannt und erleichtert vor allem dadurch das Einschlafen; aber er stört den Tiefschlaf. Damit beeinträchtigt Alkohol die Erholungswirkung des Schlafs. Koffein und Nikotin machen den wach, der sie zu sich nimmt, Nikotin aber auch die Passivraucher. Verantwortliche Eltern rauchen deshalb nie in der Wohnung. Während der Schwangerschaft zu rauchen ist unverantwortlich, für die werdende Mutter direkt, für den werdenden Vater indirekt.

Doch Ihr Kind wird älter und begegnet diesen Drogen selbst (mehr dazu in Kapitel 26). Bringen Sie Ihrem Kind also bei, damit vernünftig umzugehen. Der erste Schritt ist, das vorzuleben. Wenn Sie selbst unkontrolliert trinken, rauchen und abends Schlafmittel einnehmen, weil Sie wegen viel Koffein noch hellwach sind, wird Ihr Kind über kurz oder lang dasselbe tun.

Dass Sie als Eltern gelegentlich Auseinandersetzungen haben, liegt in der Natur menschlichen Zusammenlebens. An Ihnen aber liegt, wie Sie diese führen – ernsthafte verbale oder gar körperliche Aggressionen beeinträchtigen Wohlbefinden und Schulleistungen Ihres Kindes. Und sie können seinen Schlaf stören.

Regeln für den guten Schlaf

Es gibt einige Regeln, die den guten Schlaf befördern. Sie stützen sich auf wissenschaftliche Ergebnisse, die belegen, welche Verhaltensweisen den Schlaf häufig beeinträchtigen – und schlagen das Gegenteil vor. Diese *schlafhygienischen* Regeln dienen vor allem der Vorbeugung; wer also unter allen Umständen immer und überall leicht einschläft und ansonsten niemals müde ist, kann sie auch ungestraft ignorieren. Das erleben allerdings nicht sehr viele Menschen. Alle anderen profitieren davon, sich wenigstens ungefähr daran zu orientieren – ob Kinder, Eltern oder andere.

Den ersten Punkt haben Sie als Eltern direkt in der Hand: das Abendessen. Am besten ist es, wenn die Familie beziehungsweise die Anwesenden gemeinsam zu Abend essen. Es sollte nicht zu spät sein, weil man mit vollem Magen nicht gut einschlafen kann. 19 Uhr ist deshalb ganz gut für den Schlaf Ihrer Kinder und für Ihren eigenen Schlaf gleich mit.

Es ist durchaus erheblich, wie das Zimmer gestaltet ist, in dem der oder die Jugendliche schläft. Es sollte nicht sehr warm sein – optimal sind 18 Grad. Nachdem ein Kind mit eigenem Zimmer natürlich dort seine Hausaufgaben macht, sollte der Schreibtisch einigermaßen aufgeräumt sein. Computer und Fernseher sind, wegen des Lichts, am besten außerhalb.

Das Zimmer sollte ruhig sein; deshalb ist es auch unklug, mit Musik einzuschlafen. Letztlich stört sie nämlich, schließlich reagiert das Gehirn auf Töne, wenn es schläft. Spätestens wenn die Musik aufhört, wacht es auf – schließlich hat sich etwas verändert. Aus dem gleichen Grund sollte es dunkel sein, nicht nur, weil das Licht von außen die Verschiebung Richtung Abendtyp vermutlich intensiviert, sondern auch, weil Ihr Kind durch den sensorischen Reiz leichter aufwacht. Erst morgens braucht es ausreichend helles Licht, um richtig wach zu werden.

Mindestens eine, besser zwei Stunden vor dem Schlafengehen sollte das Fernsehen beendet beziehungsweise der Computer heruntergefahren werden. Einerseits hält der Bildschirm als solcher wach, falls es ein moderner LED-Bildschirm ist. Andererseits hält das wach, was dort geschieht: Alles, was aufregt, macht nebenbei wach, weil es immer dazu führt, dass man darüber nachdenkt. Und das EEG beim Nachdenken? Das ist Beta, weit weg vom Theta-Rhythmus, in dem wir einschlafen. Das Gehirn aber braucht eine ganze Weile, um sich herunterzuregeln.

Generell schläft man besser ein, wenn man entspannt ist, deshalb stört ein bis zwei Stunden vor dem Schlafengehen alles, was anspannt, seien es Hausaufgaben, Leistungssport oder andere Tätigkeiten, die geistig oder körperlich anstrengen. Deshalb machen viele Eltern mit ihren kleineren Kindern ein Ritual zum Abschalten; das ist sehr sinnvoll und dazu kann alles dienen, was beruhigt. Das kann ein Gutenachtkuss sein, die Gutenachtgeschichte oder dass Sie mit dem Kind gemeinsam noch einmal kurz den Tag Revue passieren lassen. Das ist auch noch für Jugendliche ein gutes Ritual – falls Ihr Vertrauensverhältnis zu Ihrem jugendlichen Kind es zulässt.

Wichtig ist immer: abschließen und nichts unbesehen in die Nacht mitnehmen. Das Gehirn arbeitet es im Schlaf schließlich noch einmal durch. Und wenn es schlimm war, kann das auch ein Albtraum werden.

Auch für den Tag gibt es Regeln, die den guten Schlaf fördern. So ist ein regelmäßiger Tagesablauf sehr nützlich, weil er nebenbei auch als Zeitgeber wirkt und so den zirkadianen Rhythmus unterstützt. Umgekehrt machen auch regelmäßige Ruhe- und Aktivitätszeiten den Rhythmus zuverlässiger. Was immer schon zu den Schlafhygiene-Regeln gehörte, ist inzwischen auch akribisch für Jugendliche experimentell nachgewiesen: Wer sich ausreichend bewegt, schläft eindeutig besser. Unterstützen Sie also, dass sich Ihr

Kind so viel wie möglich bewegt. Dann brauchen Sie gar nicht so viel über Computer nachzudenken: Wer einen größeren Teil des Tages in der Schule verbringt, sich ausreichend bewegt und abends zwei Stunden dem Abendessen und Abschalten widmet, hat nicht viel Zeit dafür. Und schließlich gehört es zum Wichtigsten, den Stress in Schach zu halten.

TEIL C
Selbstständig geistig arbeiten

Guter Unterricht ermöglicht es Kindern und Jugendlichen, neue Kompetenzen zu erwerben. Er stellt das Neue auf einem Niveau bereit, das ein wenig höher ist als das, was die Klasse bereits erreicht hat. Frei mit diesem Wissen hantieren können Schüler jedoch erst, wenn sie es vertieft und sich nachhaltig angeeignet haben. Das erfordert, dass sie selbstständig geeignete Aufgaben lösen. In vielen Fächern ist es außerdem unerlässlich, Wissen zu automatisieren, und das kann schon mal eher banale Übung verlangen.

In der Halbtagsschule bearbeitet Ihr Kind diese Aufgaben immer zu Hause und es übt auch dort; in der gebundenen Ganztagsschule arbeitet es zumindest am Wochenende kurz zu Hause. Genau in diesen Zeiten haben Sie direkt mit der schulischen Arbeit Ihres Kindes zu tun. Als engagierte Eltern wollen Sie dabei mitwirken, dass es diese Arbeit gut und ertragreich macht. Die wichtigsten Informationen, was dabei zu beachten ist, stellt dieser Teil C zusammen, von der Atmosphäre zu Hause über die geeignete Arbeitsumgebung bis zu Einzelfragen rund um spezifische Fächer.

Was dabei nur an einer Stelle und nur am Rande zur Sprache kommt, ist das große Thema Nachhilfe. Dass sie in Deutschland so umfassend angeboten und in Anspruch genommen wird, hat sicher viele Gründe. Der wichtigste: Es gibt schlechten Unterricht. Aber er wird erfreulicherweise seltener. Die Wissenschaft kümmert sich endlich intensiver darum, wie guter Unterricht aussieht, erfahrene Lehrkräfte nehmen an Fortbildungen teil und einige Universitäten haben begonnen, ihre Lehrerausbildung auf diese Basis zu stellen. Der zweite Grund für die viel zu häufige Nachhilfe: Eltern wollen ihrem Kind über Nachhilfe zu besseren Noten verhelfen. Das kann gelegentlich gelingen, aber dann muss sie professionell sein. Nachhilfe hat keinen Sinn, wenn sie es Kindern und Jugendlichen erspart, selbstständig geistig zu arbeiten. Das lernen sie, indem sie es tun, im guten Fall mit den Aufgaben aus der Schule.

16. Wiederholen und Wissen, Üben und Können

Wir lernen explizit anders als implizit. Für Sie als Eltern ist es vorteilhaft, den Unterschied zu kennen, weil Sie dann Ihr Kind bei seiner häuslichen Arbeit für die Schule besser im Hintergrund unterstützen können.

Im Alltag benutzen wir ständig beide Arten Gedächtnis. Welches in einer bestimmten Situation zum Einsatz kommt, wählen wir allerdings nicht aktiv aus. Das tut das Gehirn selbst. Das Kriterium ist der Inhalt, der Stoff.

Wiederholen und das explizite Gedächtnis

Für einen sehr großen Teil des Schulstoffes ist das *explizite* Gedächtnis mit seinen drei Stufen zuständig, für neue Vokabeln aus Fremdsprachen, für Inhalte von Lektüren oder für den Stoff sogenannter Lernfächer von Geschichte bis Physik.

Dabei werden die Informationen zunächst im Arbeitsgedächtnis vorgehalten und nur ein Teil gelangt anschließend in das Langzeitgedächtnis. Selbst davon verblasst ein großer

Teil wieder: Wir vergessen ihn doch noch. Dieses Vorgehen der Natur ist sinnvoll und sparsam: Das Neue wird erst mal gespeichert, es könnte langfristig einmal gebraucht werden. Stellt es sich dann doch als überflüssig heraus, kann es immer noch gelöscht werden. Einfaches Kriterium: Überflüssig ist alles, was selten abgerufen wird.

Stopfen sich also Jugendliche für einzelne Prüfungen das Arbeitsgedächtnis voll und spucken den Inhalt am nächsten Tag wieder aus, rufen es aber später nie wieder ab, dann geschieht genau das: Das Gehirn betrachtet es als überflüssig und löscht es.

Längerfristig behalten wir ausschließlich Inhalte, die wir immer wieder einmal abrufen. Nur das ist der Stoff, aus dem das Wissen wird.

Nachhaltiges, stabiles Wissen

Stabiles, gut nutzbares Wissen bildet sich allerdings auch nicht dadurch, dass sich eine Schülerin stur immer wieder dasselbe anschaut. Es entsteht, indem sie die Inhalte tiefer verarbeitet und sie mit ihrem bisherigen Wissen vergleicht. Auf diesem Wege holt sie die Inhalte immer wieder hervor; dabei werden sie jedes Mal neu verschlüsselt und vernetzt. Das macht Wissen nachhaltig.

Die Schritte auf diesem Weg sind Aufgaben, und zwar anspruchsvolle. Solche Aufgaben können Schülerinnen und Schüler nur dann lösen, wenn sie die neuen Inhalte verstehen, ihr Vorwissen zum Thema aktivieren und immer wieder das Neue mit dem Alten verknüpfen. Die hoch renommierte Lehr- und Lernforscherin Elsbeth Stern aus Zürich sagt sogar, es sei die Kernkompetenz von Lehrern, intelligente Aufgaben dieser Art zu stellen.

Im Anschluss kommt die zweite Kompetenz der Lehrerin zum Tragen: Sie überprüft, ob Ihr Kind die Aufgabe bearbeitet und welchen Weg es dabei benutzt hat. Dabei muss sie herausfinden, wo es möglicherweise einem Denkfehler aufgesessen ist. Dann unterstützt sie den Lernprozess Ihres Kindes, indem sie ihm das konstruktiv rückmeldet. Wenn Kinder und Jugendliche anspruchsvolle Aufgaben erfolgreich bearbeitet haben, dann erleben sie, kompetent zu sein. Dieses Erleben hat einen eigenen, höchst positiven Charakter. Wer es mit »Spaß« übersetzt, kennt es nicht wirklich.

Über dieses direkte Kompetenzerleben hinaus denkt jedes Kind auch selbsttätig weiter, manche setzen sich sogar intensiv mit den neuen Inhalten auseinander. Nur das Wie ändert sich mit dem Reiferwerden. Der wichtigste Weg dabei ist aber immer, das Thema mithilfe von Fragen einzukreisen: Warum haben die Menschen das überhaupt erfunden? Lässt sich diese Aussage im Alltag anwenden? Ergänzt sie irgendwas, was ich schon weiß, oder widerspricht sie etwas? So vertieft und knüpft Ihr Kind sein Wissensgewebe weiter. Unterstützen Sie es deshalb immer, wenn es fragt; das zeigt, dass es geistig aktiv ist.

Üben, trainieren und das implizite Gedächtnis

Implizites Lernen erfolgt unbewusst. Es ist häufig schwer zu versprachlichen, aber am Ende steht trotzdem Können.

Vor allem *Prozeduren*, festgelegte Bewegungsabläufe, sind implizite Lerninhalte. Dazu gehören in der Schule der Sport oder das Zehnfingerschreiben an der Computertastatur oder Teile dessen, wie man ein Instrument spielt. Aber auch die deutsche Grammatik lernt ein Kind implizit – es entnimmt sie der gehörten Sprache und probiert sie aktiv aus. Sozialverhalten lernt es implizit, indem es imitiert und ausprobiert.

Prozeduren können wir nicht auswendig lernen, oft lassen sie sich nicht gut in Worten beschreiben. Läuft das Verhalten schließlich automatisch ab, ist es implizites Können geworden. Und wie lernt man implizit? Hier gibt es nur eins: üben und trainieren, immer wieder dasselbe tun, immer wieder korrigiert werden, bis es automatisch läuft. Wenn Kinder laufen lernen, tun sie genau das, wenn sie sprechen lernen, auch. Allerdings ist das Gehen keine Kulturtechnik. Absolut jedes Kind mit normalen Beinen lernt es: Es steht auf, läuft, fällt hin, steht auf, immer wieder. Es gehört zum Programm.

Kulturtechniken implizit lernen ist ein wenig anders. In der Schule beginnt es wie explizites Lernen, am ersten Tag: Erst malt Ihr Kind Kringel und später Buchstaben, immer wieder. Diese Bewegungsübung vollführt es mit tiefer und ernsthafter Freude. Das endet, wenn es blamiert wird, frustriert ist, weil es nicht gleich klappt, oder wenn jemand sagt, das sei blöd.

In der Freizeit lernen Kinder und Jugendliche heute etwas implizit, das Erwachsene tendenziell explizit angehen: Computerprogramme zu bedienen. Sie probieren und üben so lange, bis es klappt. Dieses Können ist implizit, Wissen ist dabei nicht unbedingt entstanden, und erklären können sie es eher selten. Genau für diesen impliziten Lernweg sind die Programme gemacht; sie heißen auch so: »intuitiv«.

Belohnung und Bestrafung

Laufenlernen ist altersgebunden, jedes Kind übt es von sich aus; dieses Lernen nennt man deshalb »privilegiert«. Auch später gibt es Prozeduren, die zwar nicht privilegiert sind, die Kinder aber trotzdem quasi unbegrenzt üben, etwa Fahrradfahren oder Schwimmen. Sie tun es, weil sie es unbedingt beherrschen wollen. Der Vorteil: Die Fortschritte sind schnell und sie können die Fertigkeit ständig anwenden.

Bei anderen impliziten Übungen können die Fortschritte langsamer erfolgen. Dann streikt das eine oder andere Kind schon mal. Fußball oder Musizieren zeigen das Prinzip, wie man da vorgehen kann: Erst kommt das Training, und am

Wochenende das echte Spiel. Erst übt es Klavier, irgendwann spielt es ein schönes Stück, noch später kommt der Vortragsabend. Freude macht in beiden Fällen das Ergebnis, die eigene neue Kompetenz.

Deshalb kommt es darauf an, implizite Übungsaufgaben so zu »zerkleinern«, dass das Kind sehr schnell einen Kompetenzgewinn erzielen und sich darüber freuen kann. Ist das nicht möglich, dann sollten Sie Ihr Kind direkt unterstützen und zum Weitermachen ermuntern, indem Sie den Blick auf das Ziel lenken. Dabei kann das Ermuntern auch erfreuliche Ereignisse einschließen, die zeitlich näher liegen. Legen Sie zum Beispiel gemeinsam eine verbindliche Abfolge fest: Erst übt das Kind eine halbe Stunde, anschließend gibt es etwas, was es von sich aus unbedingt tun oder genießen will.

Ermuntert werden, das echte Fußballspiel, der Vortragsabend – in der Sprache der Lernpsychologie sind das alles »Belohnungen«. Eine Belohnung ist ein Ereignis, das man sich ohnehin wünscht. Wenn die Kompetenz in Sichtweite ist, übt das Kind von sich aus weiter, ist sie sehr weit entfernt, kann auch einmal eine sachfremde »Zwischenbelohnung« sinnvoll sein.

Das Gegenteil allerdings ist ein Irrtum: Bis heute denken leider einige Leute, ein »übfaules« Kind zu bestrafen oder mindestens unter Druck zu setzen sei womöglich noch besser, als es zu belohnen. Doch das nützt erheblich weniger als Belohnung; darüber hinaus macht es schlechte Stimmung und verdirbt die Freude am Ergebnis. Bestrafen Sie Ihr Kind also möglichst nicht.

Am unsinnigsten ist Bestrafung beim expliziten Lernen: Ein bestraftes Kind wird entweder wütend, was die Motivation untergräbt. Oder es lernt zwar, aber mit zusammengebissenen Zähnen und halber Aufmerksamkeit. Dabei lernt es die Wut und das Zähneknirschen mit. Nachhaltiges Wissen erwirbt es so nicht.

Automatisieren – Explizites wird implizit

Explizites Wissen und implizites Können stehen nicht strikt getrennt nebeneinander. Am einfachsten zeigt sich das daran, wie kleine Kinder ihre Muttersprache lernen: Wörter lernen sie eher explizit, sie sprechen sie immer wieder vor sich hin. Klang und Grammatik lernen sie implizit, deshalb können die meisten Menschen die Grammatik ihrer Muttersprache schlechter erklären als die einer Fremdsprache, die sie explizit gelernt haben; mehr dazu in Kapitel 20.

Zusätzlich gibt es eine große Gruppe impliziter Fertigkeiten, die explizit erworben, dann aber automatisiert werden. So lernt Ihr Kind erst das Einmaleins auswendig und »spielt« mit Zahlen – bis es schließlich nicht nur das Einmaleins so beherrscht wie das Schwimmen, sondern auch ein »Gefühl« für Zahlen hat. Hoffentlich. Denn wenn das nicht eintritt, wird es zeitlebens Probleme mit Zahlen haben. Auch wenn jemand eine Fremdsprache allmählich immer besser beherrscht, automatisiert sich das Grammatikverständnis – er oder sie muss immer weniger darüber nachdenken.

Wird Wissen extrem häufig benutzt, also »überlernt«, dann kann es sich automatisieren. Dabei wird es zu Können, zu etwas Implizitem, auf das wir blind und ohne Nachdenken zugreifen können. Auf diesem fruchtbaren Boden kann sich Neues optimal entwickeln.

17. Besser lernen? Gedächtnistechniken und Lernstrategien

International waren sie gerade mal im Mittelfeld gelandet, »unsere« Jugendlichen, im Jahr 2000. Seitdem begleiten uns die PISA-Studien (PISA steht für: *Programme for International Student Assessment*). Sie prüfen, was 15-Jährige wissen und können wie sie ihr Wissen einsetzen und anwenden können, und wie sie ihre Schule sehen.

Die Ergebnisse von 2000 widersprachen eindeutig dem deutschen Selbstverständnis. Die Kulturpolitiker sannen auf Abhilfe. Eine Idee entnahmen sie der Tatsache, dass die »besten« Jugendlichen anders mit dem Lernen umgehen als die »schlechtesten«. Die drei zentralen Punkte waren:

- Die besten Jugendlichen nutzten systematisch Lernstrategien.
- Sie hatten ein höheres Selbstvertrauen und trauten sich kognitiv mehr zu.
- Sie waren bereit, sich anzustrengen.

Die Politiker stürzten sich auf Punkt 1: Ab sofort sollten die Lehrer ihren Schülern beibringen, *wie* man lernt.

Gedächtnistechniken

Konnten die Gedächtnismeister zum Vorbild taugen? Läge nahe, schließlich füllen diese Profis der Gedächtnistechniken ganze Hallen mit ihren Demonstrationen und reißen ihr Publikum zu Bewunderung hin. Die gängigen Techniken stammen von den berühmten Rednern des alten Griechenland. Die hatten keine Beamer, ja nicht einmal Papier, und mussten ihre Gedanken auf unhandliche Wachstafeln schreiben. Es war also sicherer, Stichworte im Kopf zu haben.

Alle Gedächtnistechniken nutzen die Eigenheit des menschlichen Gedächtnisses, die Sie aus Kapitel 1 kennen: Chaotische, unverbundene Information speichert es gar nicht oder falsch, selbst wenn es wenig ist. Dagegen kann es viel behalten, wenn die Inhalte systematisch und logisch geordnet sind und wenn wir sie geistig verarbeitet und verstanden haben. Besonders gut funktionieren Geschichten, die simulieren gewissermaßen das episodische Gedächtnis (Kapitel 2). Wir haben eben keinen Computer im Kopf.

Die wichtigsten Techniken machen deshalb aus abstrakten Inhalten eine konkrete, streng logische Geschichte. Bei großen Zahlen benutzt man die *Mastertechnik*. Die Basis: Jeder Zahl von null bis hundert ordnet man fest einen Gegenstand zu, und zwar einen, den man im Prinzip sehen und anfassen kann. Aus diesen Gegenständen bildet man Geschichten, und zwar ruhig möglichst verrückte.

Bei der Zahl 1728943525 geht das so: Man teilt das Ganze in zweistellige Zahlen auf, also 17, 28 und so weiter. In der Liste aus dem Buch von Werner Metzig und Martin Schuster entspricht der 17 Teig, der 28 Napf, der 94 Bär, der 35 Maul, der 25 Nil. Daraus erfindet man eine Geschichte, etwa die: Teig wird in einen Napf gefüllt, da kommt ein Bär, nimmt den Teig ins Maul (und frisst ihn); danach ist er satt und fällt in den Nil. Diese Geschichte enthält viel mehr Information als die Zahlen selbst, aber ihr Sinn lässt sich sofort merken. Wer dann die Zuordnung Gegenstand–Zahl automatisiert hat, kann die Zahlen selbst rekonstruieren.

In der *Loki-Technik* läuft man im Geiste feste Wege ab (vom lateinischen Wort *locus*, Ort). Auch die muss man automatisch abrufen können. So ein Weg kann vom Kopf über Arm und Schultern bis zu den Zehen reichen, die eine Seite hinunter, die andere Seite hinauf. Ein anderer Weg kann durch Ihre Wohnung führen oder markante Orte Ihres Arbeitsweges beschreiben. An jeder Stelle »deponieren«

Sie dann eine Information als Szene – etwa am ersten Ort die ganze Geschichte von oben.

Eselsbrücken in der Schule

Die Frage ist allerdings, wo Schüler das einsetzen könnten: Es funktioniert, weil es sinnlosem Material Sinn unterlegt. Deshalb sind in der Schule die Anwendungsbereiche notwendig klein. Zudem muss das Grundgerüst extrem überlernt und automatisiert sein und die Geschichten müssen schnell erfunden werden. Das erfordert intensives, tägliches Training. Das muss man wollen.

Dennoch kann es vergnüglich sein, Geschichtszahlen in kurze Mastertechnik-Geschichten zu »übersetzen«. Auch die Loki-Technik eignet sich immer noch, um sich die Abfolge Ihrer Argumente für eine freie Rede zu merken. Gedächtnistechniken ermöglichen es aber nicht, Zusammenhänge zu erfassen. Sie helfen weder beim klaren Denken noch dabei, Inhalte zu verstehen. Und niemand kann damit anspruchsvolle Aufgaben besser lösen.

Am sinnvollsten ist deshalb die einfachste Variante, nämlich neue Informationen mit auffälligen Assoziationen zu verknüpfen. In der Alltagssprache nennen wir das *Eselsbrücke*. Dieser Begriff klingt so negativ wie die Sache klug ist. Eselsbrücken finden regt die Fantasie an. Sie erleichtern es, zunächst sinnloses Material mit Sinn zu versehen. Bestes Beispiel sind Wörter aus Fremdsprachen.

Lernstrategien für Schüler von heute

In der Schule, wie wir sie verstehen und wie sie heute zumindest offiziell beschrieben wird, geht es nur selten darum, etwas einfach auswendig zu lernen. Das Ziel ist, dass Schülerinnen und Schüler Kompetenzen erwerben. Dafür bilden sie ein Wissensnetz, erfassen Zusammenhänge, verstehen Prinzipien, vertreten oder widerlegen Argumente, wenden etwas an und fassen es in eigenen Worten zusammen. Wie lernt man das?

Nach wie vor ist die erste Tätigkeit, die einem beim intelligenten Lernen nützt: Lesen, und zwar ganz verschiedene Texte. Texte sind der Weg, über den wir Gedanken erfahren, verstehen, mitteilen und teilen können. Texte kann man nacherzählen, man kann Fragen dazu stellen und darüber diskutieren. Literarische Texte beflügeln nicht nur die Fantasie, man gewöhnt sich dabei auch an, die Aufmerksamkeit längere Zeit auf dasselbe Thema lenken zu können. So trainiert Lesen die Basisfertigkeit für jede geistige Arbeit.

Kognitive Inhalte begegnen Schülerinnen und Schülern in Form von Texten und Bildern, manchmal auch Filmen oder Hörbeispielen. Wer beim ersten PISA-Durchgang gut abgeschnitten hatte, berichtete, welche Strategien er oder sie benutzt, um sich Stoff jeder Art anzueignen. Die sind allesamt »anspruchsvoll«: Den Stoff verstehen und durchdringen, Fragestellungen ausarbeiten und selbst überprüfen, wie gut das gelungen ist; Informationen in einer Tabelle zusammenfassen, wo das möglich ist, oder eine Grafik daraus machen, sie also visualisieren; und schließlich: Inhalte zusammenfassen, schriftlich oder mündlich, und testen, ob das auch andere verstehen. Das ist *versprachlichen*.

Damit sind Strategien beschrieben, theoretisch und explizit. Lehren kann man die aber nur schwer. Der Grund: Ich kann sie zwar beschreiben, wenn ich darüber nachdenke. Gelernt habe ich sie aber eher implizit. Zumindest habe ich sie immer an echten Beispielen ausprobiert, nicht an Wörterlisten oder langen Zahlen.

Aus psychologischer Sicht hat die Lehrkraft deshalb nicht die Aufgabe, allgemeine Lernstrategien zu lehren. Sie hat die Aufgabe, jeweils zum richtigen Zeitpunkt eine vorzustellen, die sich für den gerade anstehenden Inhalt eignet. Zum Beispiel dann, wenn Schüler mit einer – wie gesagt: anspruchsvollen – Aufgabe ein Problem haben. So fällt es nicht vom Himmel, dass man einen Text versteht, weder einen Sachtext noch einen literarischen. Immerhin jeder fünfte Schüler schafft das laut PISA bis heute nur sehr mäßig. Deshalb sollte man es üben.

Einen Text versteht man, indem man zunächst mit einem Stift Wichtiges hervorhebt. Man liest ihn durch, wiederholt im zweiten Durchgang das Wichtigste (die Markierungen helfen, das auf einen Blick zu schaffen), lässt sich noch einmal durch den Kopf gehen, was Thema und Hauptthese waren, stellt Fragen zu dem, was man nicht verstanden hat. Es liegt auf der Hand: Das lernt man am besten mit einem interessanten Inhalt, nicht an einem drögen Beispieltext.

18. Eltern bereiten den Boden für gute Bildung

Wie gut Kinder und Jugendliche durch die Schule kommen, hängt naturgemäß zunächst am Unterricht selbst. Doch gleich danach kommt, wie sie sich selbstständig mit dem auseinandersetzen, was sie dort gelernt haben. Sie als Eltern können Ihr Kind seelisch-moralisch unterstützen, Sie können mit ihm darüber sprechen, gemeinsam etwas ausprobieren oder punktuelle Hilfestellung geben. Nur direkt eingreifen können Sie nicht, jedenfalls nicht erfolgreich.

Indirekt jedoch haben Sie viele Möglichkeiten. Es ist nämlich kein Zufall, wie Ihr Kind die Angebote der Schule aufnehmen will und kann und wie es diese selbstständig geistig bearbeitet. Es liegt auch nicht allein an der Intelligenz Ihres Kindes. Es erfolgt auf einer geistigen Basis und Einstellung, und diese liegt in Ihrer Hand als Eltern.

Noch einmal PISA-Erfolgsfaktoren

Die besten PISA-Teilnehmer nutzten nicht nur bessere Lernstrategien als ihre Schulkollegen, und das systematisch. Die beiden anderen Unterschiede waren nichtkognitiv: Sie waren bereit, sich anzustrengen, und außerdem trauten sie sich selbst kognitiv mehr zu, hatten ein höheres Selbstvertrauen. Psychologisch ist das Erste eine Frage der Motivation, das Zweite eine der Persönlichkeit.

An beidem haben Sie als Eltern einen großen Anteil. Der beginnt mit dem ersten Lebenstag und wirkt auch noch im Jugendalter, auch wenn er im Laufe der Jahre abnimmt.

PISA-Erfolgsfaktor Selbstvertrauen

Beginnen wir mit dem kognitiven Selbstvertrauen, der Überzeugung, sich auf die eigenen kognitiven Möglichkeiten verlassen zu können. Wenn zwei Personen die gleichen Fähigkeiten haben, dann leistet diejenige tatsächlich mehr, die sich mehr zutraut, ohne sich dabei wesentlich zu überschätzen. Umgekehrt erhöhen gute Leistungen auch das schulisch-kognitive Selbstvertrauen, jedenfalls so lange, wie das Kind oder die Jugendliche das Gefühl hat, die gute Note auch »verdient« zu haben. Es hilft dem Selbstvertrauen also nichts, wenn die gute Note eingeklagt oder anderweitig »gekauft« ist.

Wenn Sie Ihr Kind ernst nehmen und sein Selbstwertgefühl stärken, bekommt ihm das nicht nur persönlich gut. Erwarten Sie nicht nur von den Lehrern eine Kultur der sinnvollen und guten Rückmeldung, sondern pflegen Sie so etwas auch als Eltern. Dazu gehört, dass Sie eine gute Leistung beachten und sich darüber freuen; aber Sie bezahlen nicht dafür.

Eine schlechte Leistung dagegen nehmen Sie als das, was sie ist: als Hinweis. Sie kann etwa darauf hinweisen, dass Ihr

Kind im geprüften Bereich allgemein zu wenig weiß oder dass es einen schlechten Tag hatte oder dass es sich ungeeignet vorbereitet hat. Dann sinnen Sie gemeinsam auf Abhilfe.

Gelegentlich kann eine schlechte Note ein Hinweis darauf sein, dass die Aufgabe schlecht gestellt war. Wenn Sie das so sehen, weil Sie sich auskennen, sollten Sie das mit dem Lehrer besprechen, und zwar persönlich. Machen Sie ihn aber nicht vor Ihrem Kind schlecht. Sie bringen es damit in einen Loyalitätskonflikt, der seine Motivation beschädigt.

Wenn Sie auf eine schlechte Note so reagieren, dass es das Selbstvertrauen Ihres Kindes untergräbt, dann schaden Sie ihm nicht nur emotional. Seine Leistung wird davon bestimmt nicht besser. Jedes Kind braucht das Gefühl, dass seine Eltern es grundlegend für »in Ordnung« halten. Wenn es nun ausgerechnet von seinen Eltern für dumm oder faul oder beides erklärt wird, dann ist das ein pauschaler Vorwurf, der es mutlos zurücklässt. Nur in Ausnahmefällen fühlt sich jemand durch eine Demütigung herausgefordert, sich besonders anzustrengen, nach dem Motto: »Denen zeig ich's«.

PISA-Erfolgsfaktor Motivation

Es gibt eine umfangreiche wissenschaftliche Literatur dazu, wann Menschen bereit sind, sich geistig anzustrengen. Das bezieht sich nicht einfach auf eine Prüfung; es heißt, kontinuierlich arbeiten. Der Fachbegriff heißt »Leistungsmotivation«, geistig, künstlerisch, sportlich oder handwerklich. Nur mit Geld hat sie niemals zu tun; das verwechselt man allerdings in der allgemeinen politischen Diskussion häufig.

Wer nicht motiviert ist, sich mit den Inhalten zu beschäftigen, bringt es in der Schule nicht weit, selbst wenn er oder sie hochbegabt ist. Allerdings motiviert es keinen Menschen, in keinem Lebensalter, wenn man ihn antreibt und

kontrolliert. Das setzt ihn nur unter Druck. Wenn Sie das
tun und Pech haben, fühlt sich Ihr Kind nur gestresst oder
bekommt sogar Angst. Dann verspannt es sich und ist nicht
mehr in der Lage, sich aktiv und mit Eigeninteresse in Themen zu vertiefen.

Wissenschaftlich bestätigt sich immer wieder: Entscheidend ist eine bildungsfreundliche Atmosphäre in der Familie. Kinder sind dann besonders leistungsmotiviert, wenn
ihre Eltern der Bildung allgemein einen großen Wert bei-
messen, auch ihrer eigenen; wenn sie lesen und über allgemeine Themen sprechen. Motivierende Eltern interessieren
sich für die Schule und sprechen normalerweise positiv darüber. Sie vermitteln: In der Schule lernst du etwas, und das
ist gut, richtig und oft sogar spannend. Sie fragen nach, was
das Kind in der Schule erlebt, und sie halten Kontakt zur
Schule.

Außerdem vermitteln sie, dass es selbstverständlich Zeit
und Arbeit kostet, spannende Inhalte zu lernen, und dass es
immer wieder nötig ist, Durststrecken zu überwinden.
Aber auch, dass sich der oder die Jugendliche nicht alleine
gelassen zu fühlen braucht, wenn er oder sie mal durch-
hängt.

Egal ob die Atmosphäre zu Hause geistige Arbeit fördert oder behindert, Kinder und Jugendliche nehmen sie
implizit auf. Wie Sie wissen, ist implizit Gelerntes nachhaltig, in beide Richtungen.

Keine Bildung ohne Sprache

Jede menschliche Kultur hat ein wesentliches Werkzeug:
ihre Sprache. Damit verallgemeinert sie ihr Wissen so, dass
sie es an die nächste Generation weitergeben kann. Die Arbeitsgruppe um den Leipziger Max-Planck-Forscher Michael Tomasello hat sich experimentell intensiv mit dieser
Frage beschäftigt. Demnach ist für den Menschen, der ja ein

soziales Lebewesen ist, das »Wir« typisch und lebensnot-
wendig. Mit der Sprache können Menschen dieses »Wir«
begreifen und sich selbst verständlich machen. Nur über die
Sprache haben wir uns die Erde so eingerichtet, wie wir es
getan haben, obwohl unser Gehirn genetisch noch genauso
gebaut ist wie während der Steinzeit.

Auf der individuellen Ebene benötigen wir Sprache, um
uns mit anderen Menschen auszutauschen. Nur sie vermittelt uns den Sinn von Inhalten.

Wir nennen Denken »konvergent«, wenn es darauf ab-
zielt, ein Problem zu lösen oder eine Frage zu beantworten.
Es kann aber auch »divergent« sein: Dann schweift es, bild-
lich gesprochen, ein wenig umher. Das Alltagswort für di-
vergentes Denken ist »Kreativität«. Inzwischen wird wissenschaftlich intensiv diskutiert, ob sich die beiden wirklich
wesentlich unterscheiden. Es spricht einiges dafür, dass sie
doch nur zwei Seiten der gleichen Medaille sind. Schließlich
nutzen wir in beiden Fällen vorhandene Informationen und
setzen sie neu zusammen.

Die Denkfähigkeit entwickelt sich, anders als etwa das
Gehen, nicht ganz von selbst. Jeder junge Mensch muss sie
aktiv erwerben und er muss dabei intensiv unterstützt beziehungsweise geschult werden. Das setzt voraus, dass er
über Sprache verfügt, und zwar über die Sprache seiner
Umgebung. Beherrscht er die nicht ausreichend gut, wird er
nur mühsam anspruchsvoller denken lernen.

Insofern ist es nicht nur für die Sprache selbst wichtig,
dass in der Familie viel gesprochen wird, sondern auch für
die Entwicklung des Denkens: darüber, was Sie gemeinsam
erlebt haben, was Einzelne erlebt haben, wie Sie jeweils die
Dinge einschätzen. Volle Zweisprachigkeit ist dabei kein
Schaden, im Gegenteil; doppelte Halbsprachigkeit ist schon
einer.

19. Mathematische Kompetenzen erwerben

Zwei 10-jährige Mädchen fahren in der Münchener Straßenbahn, eindeutig aus »besserem« Hause. Gerade haben sie ihre Fahrkarten gestempelt. Die eine schaut die Kinderkarte an, sie hat acht Streifen und kostet vier Euro. Sie fragt ihre Freundin: Was kostet da eigentlich ein Steifen? Antwort: Hast du dein Handy dabei? Nein. Schulterzucken, rechnen abgesagt.

Diese Kinder haben eine klare, sehr einfache mathematische Frage. Sie müssten sie längst lösen können, und zwar im Kopf. Doch sie geben sofort auf, weil sie keine Rechenmaschine zur Hand haben.

Finden Sie das putzig? Oder doch eher entsetzlich? Was würden Sie davon halten, wenn Ihre Kinder so handeln würden? Gehören Sie zu der viel beschworenen Mehrheit der Deutschen, die sich mit Schaudern abwendet, wenn sie das Wort Mathematik nur hört? Oder nutzen Sie Mathematik selbst regelmäßig?

Wie immer Sie hierauf antworten – es beeinflusst, wie Ihr Kind der Mathematik begegnet. Stürzt es sich tatkräftig darauf? Beschäftigt es sich entspannt und wissbegierig damit? Oder versucht es, irgendwie durchzukommen, mit Ohren auf Durchzug, geschlossenen Augen und angehaltenem Atem?

Mathematik

Ein klein wenig besonders ist sie schon, die Mathematik, vor allem aus zwei Gründen. Wir formulieren sie in einer eigenen Sprache und mit einer eigenen »Grammatik«. Und sie ist in sich widerspruchsfrei, was jedoch nicht heißt, dass es immer nur einen Lösungsweg gäbe.

In der Mathematik geht es nicht um Meinung. Das gestehen ihr sogar Leute zu, die ansonsten selbst Wissenschaft für »Meinung« halten, etwa Kreationisten, die die Schöpfungsgeschichte der Bibel wörtlich nehmen, oder Leute, die den Klimawandel für eine Erfindung halten. Alle akzeptieren, dass eins plus eins gleich zwei ist (hier schränken »nur« die Mathematiker selbst ein: Es gibt Zahlensysteme, wo das anders ist).

Es dauerte tausende Jahre, bis die Menschheit die heutige Form der Mathematik entwickelt hatte. Historisch beginnt Mathematik mit Zählen – »auf einen Blick« können wir fehlerfrei höchstens vier Objekte erfassen. Und sie beginnt damit, Entfernungen und Flächen zu bestimmen, etwa für Hausbau und Landwirtschaft. Irgendwann zwischen dem 6. und dem 8. Jahrhundert erfanden die Inder die Null, später brachten die Araber sie nach Europa. Erst mit dieser Null konnte man Zahlen so schreiben, wie wir es tun – im Dezimalsystem. Und erst seitdem können wir praktisch und systematisch so rechnen, wie wir das heute für normal halten.

Mathematiklehrer

Heutige Kinder sind sechs Jahre alt, wenn sie lernen, wie man mit dem Dezimalsystem rechnet. Das ist eine satte Leistung. Gelingt einem Kind diese Leistung nicht, liegt es dennoch nur ausnahmsweise an ihm selbst. Außer bei niedriger Intelligenz und klinischen Rechenstörungen kann man es nicht auf die »Begabung« (Kapitel 3) schieben, wenn es nicht klappt. Es liegt an den Lehrern.

Leider haben nämlich längst nicht alle Lehrkräfte der Grundschule etwas übrig für Mathematik. So jemand beeinträchtigt die natürliche Begeisterung der Kinder für Zahlen. Schlimmer ist aber: Er oder sie erkennt nicht ohne Weiteres, welche Denkfehler den Kindern unterlaufen. Und

so kommt es, dass eine erhebliche Anzahl 10-Jähriger keine
zutreffende Vorstellung von Zahlen hat. Das ist eine extrem
schlechte Ausgangsposition dafür, mehr Mathematik zu lernen.

Nach der Grundschule ändert sich das, dann unterrichten Leute Mathematik, die das Fach studiert haben. Die
mögen Mathematik. Bei ihnen liegt das Problem anders: Sie
sind längst nicht alle begeisterte Didaktiker.

Die Forschung zur Mathematikdidaktik ist sehr ertragreich, aber sie wird, gelinde gesagt, keineswegs flächende-
ckend angewendet. Noch dazu hält sich nicht nur in der
Öffentlichkeit die Fabel, für Mathematik sei man halt »begabt« oder eben nicht. Sie hält sich tragischerweise auch
unter Mathematiklehrern. Das ist nicht nur peinlich, weil es
falsch ist. Es prägt ihr Verhalten den Schülern gegenüber
implizit und schadet ihnen so.

Mathematisches Selbstvertrauen

Tatsache ist: Die Schulmathematik ist nicht schwieriger als
Latein oder irgendetwas anderes in der Schule. Alle
Jugendlichen mit einer normalen Intelligenz – wahlweise
einer durchschnittlichen »Begabung« – könnten sie zumindest im Prinzip meistern. Allerdings kann man nicht
mogeln und es geht niemals ohne Arbeit. Man kommt nur
weiter, wenn man neuen Stoff versteht und ihn mit intelligenten Aufgaben vertieft. Wenn da nicht vieles automatisiert ist – also immer wieder geübt –, hat man ein
Problem.

Das bedeutet: Man kann Mathematik niemals blind
auswendig lernen, mathematisches binge-learning ist noch
sinnloser als, sagen wir, geografisches. Jeder Stoff baut auf
altem auf. Deshalb ist eine Wissenslücke in Mathematik
nicht einfach eine Lücke, die man überspringen kann.
Wenn Ihr Kind geistig nicht auf das Nötige zurückgreifen

kann, versteht es Neues ungefähr so gut wie einen Roman auf Sanskrit: gar nicht. Schon entsteht eine neue Lücke.

Aus diesen Gründen brauchen Schülerinnen und Schüler der Sekundarstufe dringend einen Lehrer, der ihr Vorwissen einordnen und seinen Unterricht dem Vorwissen der Klasse anpassen kann. Sie brauchen eine Lehrerin, die ihnen die für sie richtigen Übungen gibt. Das sind Übungen, die sich mit der Mischung aus vorhandenem und neuem Wissen lösen lassen, wenn man sich anstrengt. Sie brauchen keinen Lehrer, der sagt: falsch. Sie brauchen einen, der nachfragt: Bist du dir sicher? Und sie brauchen jemand, der sie nicht abschreibt, wenn ihr Denken Umwege macht. Der Kölner Mathematiklehrer Michael Felten bringt das auf den Begriff: »Wir müssen unsere Schüler ermutigen.«

Auf alle Fälle braucht Ihr Kind mathematisches Selbstvertrauen. Dafür sind die Lehrer zuständig, aber auch Sie als Eltern. Vermitteln Sie ihm also, dass Mathematik kein Zauberwerk ist, dass sie aber richtig Arbeit macht. Wenn Sie ihm vermitteln, es sei mathematisch »nicht begabt«, dann ist das kein Trost, sondern ein Schlag auf den Kopf. Es zerstört jedes mathematische Selbstvertrauen. Ein Kind, das sich für mathematisch unbegabt hält, entwickelt eine Abneigung und schließlich die deutschlandtypische Angst davor. Besonders desaströs ist es bei Mädchen, weil es dem entspricht, was gesellschaftliche Klischees nach wie vor verbreiten.

Mädchen und Mathematik

Normalerweise sprechen wir in diesem Buch nicht ausdrücklich über Mädchen und Jungen. Von Ihnen als Eltern benötigen beide schließlich ganz Ähnliches, nämlich Interesse, Ermutigung und, ja, Liebe. Mädchen und Jungen unterscheiden sich kognitiv nur sehr marginal. Statistisch lassen sich im westlichen Kulturkreis lediglich zwei kleine

Unterschiede nachweisen: Mädchen sind sprachlich etwas besser und schneiden bei Gedächtnisaufgaben minimal besser ab. Jungen sind etwas besser, wenn es um räumliche Vorstellung geht. Die misst man meistens mit Aufgaben, wo die Probanden dreidimensionale Körper in der Vorstellung drehen müssen; etwa Würfel, die auf jeder Seite anders aussehen. Wer solche Rotationen im Kopf gut bewältigt, schneidet auch bei anderen Mathematikaufgaben gut ab, einschließlich PISA.

Diese Unterschiede in Sprach- und Rotationsleistungen sind ziemlich klein, aber eindeutig. Das sagt allerdings nichts über ihre Ursache. Sie müssen also nicht genetisch sein und auch nicht angeboren, etwa wegen der Geschlechtshormone während der Embryonalentwicklung. Insbesondere aber sagt es nichts aus über die mathematischen Fähigkeiten eines bestimmten Kindes.

Auf jeden Fall sind diese Unterschiede zu klein, um zu erklären, warum erheblich weniger Mädchen als Jungen technische Berufe oder Studienfächer wählen. Da erklären Selbstvertrauen und gesellschaftliche Vorurteile schon sehr viel mehr. Dazu gibt es inzwischen viele wissenschaftliche Studien. So schneiden weibliche Personen bei mathematischen Aufgaben dann besser ab, wenn man ihnen vor dem Test sagt, diese Aufgaben würden Frauen besonders gut bewältigen. Es genügt sogar, wenn sie auf den Antwortbogen keinen Vornamen zu schreiben brauchen.

Das Mädchen-Mathematik-Vorurteil scheint mehr auf die Eltern als auf die Lehrer zurückzuführen zu sein. Das Zentrum für Europäische Wirtschaftsforschung in Mannheim wertete 2011 die PISA-Daten von 2003 aus. Demnach erreichten Mädchen und Jungen dann die gleiche mathematische Punktzahl bei PISA, wenn in ihren Familien Bildung generell hoch geschätzt wird. Solche Eltern vermitteln ihren Töchtern offenbar schlicht und einfach, dass es sich lohnt, sich anzustrengen. Sie vermitteln ihnen nicht, dass sie irgendetwas schlechter könnten, schon gar nicht »von Natur aus«.

Also: Verbreiten Sie Zuversicht und Ermutigung. Wenn Ihre Tochter gut ist in Mathematik, macht sie das nicht weniger weiblich.

Üben, Automatisieren und Verstehen

Sehr vieles in der Mathematik kann man automatisieren und muss es auch. Wer etwa nicht wenigstens das kleine Einmaleins automatisch beherrscht, wird ohnehin Probleme bekommen. Aber auch wer erst nachdenken muss, ob ein Viertel jetzt 0,25 oder nicht doch 0,4 ist, oder wer erst überlegen muss, was eigentlich 20 Prozent sind, besetzt damit sinnlos das Arbeitsgedächtnis. Dann fehlt dort der Platz, um die Sache als solche zu verstehen.

Deshalb geht kein Weg daran vorbei, Mathematik zu üben, regelmäßig und ab der 1. Klasse. Man kann sogar die mentale Rotation üben. 2012 versuchten das die slowenischen Forscher Norbert und Ksenija Jaušovec mit Origami, der japanischen Kunst, aus quadratischem Papier Figuren zu falten. Schon nach 18 Stunden Training erreichten 66 Frauen das Niveau ihrer männlichen Kollegen bei einem Test zur Rotation.

Origami ist allerdings die Ausnahme. Ganz grundsätzlich lernt Ihr Kind Mathematik direkt aus zwei Quellen: durch Erklärungen seines Mathematiklehrers, die das Vorwissen einkalkulieren. Und durch daran angepasste sehr spezifische Übungen. Diese Übungen fordern Ihr Kind zum Denken heraus, sodass es darin das jeweils Neue aktiv anwenden und damit vertiefen kann. Es müssen ausreichend viele sein, damit es dabei die Fertigkeit automatisiert.

Falls Ihr Kind nicht ohnehin in einer gebundenen Ganztagsschule ist: Ermutigen Sie es unbedingt, seine Mathematikhausaufgaben sorgfältig zu erledigen. Nennen Sie es niemals »dumm«, wenn es etwas nicht versteht. Ermutigen Sie es, in der Schule nachzufragen, statt an sich selbst zu zweifeln. Ein guter Lehrer stellt ihm dann Fragen und ermuntert es vielleicht, ihm zu erklären, wie es selbst die Sache versteht. Daran lernt es am meisten – ähnlich wie dann, wenn es Nachhilfe gibt. Das hilft nämlich viel mehr, als Nachhilfe zu bekommen.

20. Sich Sprachen aneignen

Im November 1999 hatte Bangladesch gewonnen: Die UNESCO nahm seinen Antrag an und erklärte den 21. Februar zum *Internationalen Tag der Muttersprache*. 1952 hatten sich an diesem Tag die Menschen im damaligen Ostpakistan gegen ihre eigene Regierung in Islamabad erhoben. Sie erreichten ihr Ziel: Ihre Muttersprache Bengalisch blieb Landessprache in Ostbengalen. Als Islamabad 1971 noch einmal versuchte, das westpakistanische Urdu durchzusetzen, machte sich der Osten selbstständig – als Bangladesch.

Sprachenvielfalt

Sieben Länder hatten Bangladeschs Antrag befürwortet, auch Deutschland. Darüber mag man sich wundern. Schließlich klingt weder Beamtendeutsch noch Wirtschaftsdeutsch so, als ob wir unsere Muttersprache allgemein wertschätzten. Wir erfinden sogar pseudoenglische Wörter, etwa Handy (das Gerät heißt auf Englisch »mobile«). Und im Gegensatz zu den Franzosen haben wir keiner Akademie offiziell die Pflege der deutschen Sprache übergeben.

Lediglich Migranten bekommen regelmäßig zu hören, sie sollten bitteschön ordentlich Deutsch lernen und vor allem ihre Kinder nicht mit einer »fremden« Muttersprache belasten. Erst allmählich sickert es durch, dass das nicht die beste Idee ist. Migrantenkinder sind nämlich besser bedient, wenn sie vollständig zweisprachig aufwachsen, mit dem Deutschen plus der Muttersprache ihrer Eltern, egal ob die erste Sprache Türkisch, Russisch, Suaheli ist. Andernfalls besteht die Gefahr, dass sie »doppelt halbsprachig« werden. Für Bayerisch, Kölsch und Platt gilt Analoges.

6000 Sprachen werden momentan (noch) von Menschen dieser Erde gesprochen, jede ein hoch komplexes Symbolsystem. Symbolsysteme ermöglichen es uns, so zu denken und explizit zu lernen, wie wir es tun. Mit Schrift, Zahlen und Bildern haben wir weitere Symbolsysteme entwickelt, mit denen wir die natürlichen Sprachen ergänzen.

Sprache erwerben – implizit und explizit

Jedes gesunde Kind lernt die Sprache der Menschen, die es in seiner unmittelbaren Umgebung hört. Das ist die Muttersprache. Allerdings muss es dafür wirklich noch jung sein. Beginnt es erst mit drei oder gar vier Jahren, etwa, weil man da erst erkennt, dass ein Kind nicht ausreichend hört, wird es schon sehr viel schwieriger. Dann ist nämlich das Sprachzentrum im Gehirn schon anderweitig »belegt« und verschaltet, und die Hände auch. Hört das Kind regelmäßig zwei Sprachen, dann lernt es zwei – am natürlichsten, wenn jede Bezugsperson nur eine Sprache spricht. Genauer: Wenn sie in dieser Sprache *mit* dem Kind spricht. Ein Kind erwirbt seine Muttersprache nämlich nicht allein vom Zuhören. Weder Fernsehen noch Sprachlern-DVDs helfen dabei. Sie erschweren es kleinen Kindern sogar, wie Frederick Zimmerman von der University of California und Kollegen 2009 experimentell nachwiesen. Kinder lernen sprechen, indem sie in Gespräche verwickelt werden, selbst sprechen und immer wieder korrigiert werden. Es muss genau das passieren, wofür sich Sprachen entwickelt haben: Verständigung mit anderen Menschen. Und das immer wieder. Auch bei Jugendlichen.

Dieses Immer-Wieder liegt nicht zuletzt am Gedächtnis: Kinder erweitern ihren Wortschatz, indem sie neue Wörter aufschnappen und vor sich hinsprechen. Das ist explizit. Doch auf lange Sicht automatisieren sie den Wortschatz; so wird er implizit. Den Klang der Muttersprache, die Bedeutung der Wörter und Sätze und ihre Grammatik lernt jedes Kind aber von vornherein implizit. Auf dieser Basis bildet es aktiv Sätze, niemals lernt es einen auswendig. Dieses implizite Lernen beginnt direkt nach der Geburt, indem es die Klänge seiner Umgebung unterscheiden lernt. Und es endet nicht mit der Grundschule.

Die Dichterin Rose Ausländer nannte die Sprache das »Mutterland«; damit beschrieb sie Sprache als Teil der Identität eines Menschen. Tatsächlich spiegelt jede Sprache eine ganze Kultur, deren eigene Art, die Welt zu sehen. Insofern beschreibt jede Sprache die Welt etwas anders; deshalb kann man Texte zwar »übersetzen«, aber selbst eine hervorragende Übersetzung sagt nicht exakt das Gleiche wie das Original. Und deshalb sind Menschen, die vollständig zweisprachig aufwachsen, nicht nur einfach gute Übersetzer: Sie haben ein Gefühl für beide (Sprach)-Kulturen. Wenn sie sich das bewusst machen, sind sie ideale Kulturvermittler.

Muttersprache, Erst- und Zweitsprache entwickeln

Wir Menschen informieren uns gegenseitig sehr ausführlich, ja, wir »tauschen« uns aus: über unsere Gedanken, unsere Wünsche, unsere Gefühle, unsere Befindlichkeiten, unsere Begeisterung, unsere Sehnsüchte, unser Wissen, unsere

Fragen, unsere Überlegungen. Manchmal könnte man auch sagen: Wir »denken gemeinsam«. Das Medium ist die Sprache.

Jede Sprache ist lebendig und ändert sich ständig. Doch ziemlich viel muss auch ziemlich verbindlich bleiben, sonst ist die Verständigung beeinträchtigt. Gedanken lassen sich nun mal nur dann über Sprache austauschen, wenn beide Beteiligte unter dem Gesagten wenigstens ungefähr dasselbe verstehen oder wenn Autor und Leserin einen Text etwa gleich verstehen.

Wer sich in unserer Welt geistig austauschen möchte, kann sich nicht auf gesprochene Sprache beschränken. Er oder sie muss auch die Kulturtechnik Schriftsprache beherrschen: schriftliche Texte problemlos verstehen und verfassen können und dabei das eigene Denken auf den Punkt bringen. Allerdings lernt man die Schriftsprache nicht so wie das Sprechen. Lesen und Schreiben lernen Kinder nicht »privilegiert« (Kapitel 16) und damit automatisch, wenn nur die Umwelt passt. Jeder Mensch muss diese Techniken gezielt lernen und ständig verbessern – das ist einer der Zwecke von Schule.

Formulieren hat viel von einem Handwerk, man lernt es in einer Mischung aus Explizit und Implizit. Es gibt einige explizite Regeln, die man sich merken kann. Anschließend formuliert man häufig, macht Fehler und verbessert Texte. Immer wieder, ein klassisch-implizites Training. Dabei feilt sich nicht nur die Sprache aus, sondern auch das Denken. Das ist eine zentrale Aufgabe des Deutschunterrichts; bei Jugendlichen mit nichtdeutscher Erstsprache erstreckt sie sich im Idealfall auf beide Sprachen.

Fremdsprachen lernen

Endlich – werden Sie denken. Mein Kind soll ordentlich Englisch lernen, das braucht es später im Beruf. Mich interessiert, wie das mit Englisch und anderen Fremdsprachen geht.

In der Tat: Nach momentanem Stand der Dinge ist Englisch die Weltsprache, die man beherrschen sollte. Ausreichen wird es aber nicht, gerade nicht hier in Europa. Unser Europa ist geprägt durch seine Regionen und mehr noch durch seine Sprachen. Wir Europäer können nur zusammenwachsen – und die meisten wollen das –, wenn wir uns kennen, auch die Verschiedenheiten. Das beste Vehikel dafür sind die anderen europäischen Sprachen. Zauberei ist das nicht: Mehrsprachigkeit war im europäischen Mittelalter schon einmal normal, und in Indien geht es auch.

Dennoch verlangt es Einsatz: Ab sechs, sieben Jahren verliert ein Kind allmählich die Fähigkeit, eine Sprache nebenbei zu lernen, indem es hört, spricht und unauffällig berichtigt wird. Ab etwa zehn Jahren ist es kaum mehr möglich. Das liegt daran, dass die Nervenzellen im Sprachzentrum des Gehirns bereits so intensiv verschaltet sind. Dann ist eine neue Sprache kein erstes Verständigungsmittel mehr, stattdessen wird sie automatisch mit dem vorhandenen Verständigungsmittel verglichen. Das Kind fragt »warum«? – und das ist explizit. Ab jetzt sind andere Sprachen »Fremdsprachen«. Die werden teilweise nicht einmal im Sprachzentrum gespeichert: Es gibt Menschen, die nach einem Schlaganfall im Sprachzentrum kein Wort mehr in ihrer Muttersprache herausbrachten; in einer Fremdsprache konnten sie sich trotzdem noch verständigen.

Fremdsprachen müssen wir uns viel mehr durch explizites Lernen aneignen als die Muttersprache(n). Deren Wörter sind zunächst sinnlos wie die Silben des Hermann Ebbinghaus (Kapitel 1). Es bleibt nichts übrig, als sie so oft zu wiederholen, bis sie halbwegs sitzen. 20 bis 30 pro Tag und Sprache sind schon ziemlich gut. Nach einem Tag wird das erste Mal wiederholt, nach drei Tagen das zweite Mal und nach einer Woche das dritte Mal.

Wenn Ihr Kind die neuen Wörter laut spricht und dabei aufschreibt, erleichtert das die Konzentration, und sie bleiben besser im Gedächtnis, weil sie als Klang, Bild und ein wenig Handbewegung gleichzeitig verschlüsselt sind – und auch so gespeichert werden. Das Gehirn tut sich aber, wie Sie wissen, sehr viel leichter, wenn es irgendwo eine Bedeutung erkennen kann. Deshalb ist es sinnvoll, sofort Sinn herzustellen, etwa Eselsbrücken zu erfinden und möglichst früh Sätze zu bilden. Gute Fremdsprachenlehrer verlangen genau das.

Das erleichtert auch gleich den schwierigeren Part, die Grammatik. Wer in einer Fremdsprache viele Wörter kann, aber ständig schwere grammatikalische Fehler macht, wird nicht verstanden, hat also umsonst gelernt. Schon ältere Kinder aber lernen die Grammatik nicht mehr implizit, deshalb muss sie unbedingt explizit erklärt werden. Trotzdem muss sich ihr Gebrauch automatisieren.

Das wichtigste Fazit zur Grammatik zieht Theresa Summer in ihrer Würzburger Dissertation 2011: Grammatik übt man, indem man sie auf möglichst vielseitige Weise praktisch anwendet, beim Sprechen, Schreiben, Sätze ergänzen, Fragen beantworten etc. Das setzt natürlich voraus, dass der Wortschatz ausreicht – und der ist im ersten Durchgang auswendig gelernt.

Eine Ermunterung: Die zweite Fremdsprache lernt sich leichter als die erste und die vierte noch leichter. Vielleicht haben Sie das ja auch schon erfahren.

21. »Lernfächer«: Sich Wissen erwerben – oder suchen können?

Wenn man ein Stückchen Metall ins Wasser wirft, versinkt es darin, auch wenn es klein ist. Ein riesiges Schiff ist auch aus Metall. Warum sinkt das nicht?

Joachim Kahlert, Professor für Grundschulpädagogik an der Universität München, stellt diese Frage regelmäßig seinen Erstsemestern. In einem Vortrag über Lehrerbildung 2009 erzählt er das Ergebnis. »Mehr als einzelne Begriffe wie ›leicht‹, ›schwer‹, irgendein Konzept mit Luft oder eine vage Erinnerung an Archimedes«, sagt er, »werden als Erklärung nicht angeboten.« Dabei hatten alle, beklagt Kahlert, mehrere Jahre Physik in der Schule. Ganz offensichtlich haben sie die Sache mit der Dichte und dem Auftrieb nie verstanden.

Lernfächer – jenseits von Sport und Sprachen

»Lernfächer« nennt man Schulfächer, die weder Mathematik noch Sprachen sind, aber auch nichts mit Kunst, Handwerklichem oder Bewegung zu tun haben. Sie heißen etwa Biologie, Chemie, Ethik, Geografie, Geschichte, Informatik, Physik, Religion, Sozialkunde, Wirtschaft – oder auch ein wenig anders. Die Meinungen dazu sind weitgespannt, die Schulprogramme auch.

An dem einen Extrem erwarten Eltern oder Politiker, dass die Kinder »Fakten« lernen. Am anderen Extrem versichert man sich der Tatsache, dass Wissen heute schnell veralte und man die Kinder damit doch bitteschön nicht belästigen solle. Dazwischen gibt es die Meinung, der Nachwuchs müsse weniger Wissen und mehr »Schlüsselkompetenzen« lernen, und zwar »gehirngerecht« dargeboten. Fakten könne man heutzutage schließlich im Netz nachschauen.

So oder so, in irgendeiner Form muss sich Ihr Kind – und Sie mit ihm – mit den Inhalten dieser Fächer auseinandersetzen. Das Wort »Lernfach« atmet Verachtung. Es unterstellt, man müsse dort eben irgendetwas auswendig lernen, Verstehen spiele keine Rolle, gute Noten schreiben angeblich »Streber«.

Solche Vorstellungen waren schon immer etwas kühn, heute sind sie eindeutig überholt. Sie wissen, warum: Das menschliche Gehirn eignet sich gar nicht gut zum sturen Auswendiglernen. Das ist nämlich mühsam und ist trotzdem der sichere Weg zum Vergessen.

Wissen dagegen ist wie ein Gebäude, das immer weiter wächst und dabei seine Gestalt immer ein wenig verändert. Es baut sich auf, indem man neue Informationen geistig verarbeitet, sie mit vorhandenen verknüpft und versteht. Wiederholen ist dann effektiv und verhindert das Vergessen, wenn Kinder dabei die neuen Inhalte klug anwenden. An Professor Kahlerts Erstsemester sehen Sie, was herauskommt, wenn das nicht geschieht: Sie haben alle Abitur, müssen also viele Klassenarbeiten und Prüfungen in Physik erfolgreich absolviert haben. Dass sie die Inhalte inzwischen weitgehend vergessen haben, kann nur daran liegen, dass sie seinerzeit Formeln auswendig lernten, ohne sie mit Sinn zu verbinden.

»Fakten« – wo kommt das Wissen her?

Die nächste Frage ist die, was Fakten eigentlich sind: Gibt es Inhalte, die immer gelten? Oder »veralten« Stoffmengen wirklich so schnell, wie es viele Leute behaupten? Dazu gibt es eine Grundfrage: Wo kommt der Schulstoff eigentlich her?

Im Gegensatz zu Sprachen sind die Inhalte der sogenannten Lernfächer nicht einfach da. Sie sind Ergebnis menschlicher Fragen an die Welt – Mathematik eingeschlossen. Menschen haben sich auf Wege und Methoden geeinigt, wie sie diese Fragen zu beantworten versuchen. Sie machen das systematisch und gemeinschaftlich und sie machen immer weiter damit. Das ist Wissenschaft, oder so sollte sie sein.

Wissenschaft versucht, Fragen zu beantworten. So entsteht das kollektive Wissen der Menschheit. Das ist immer vorläufig, doch manches können wir als »richtig« akzeptieren. Was? Warum nicht das Gegenteil? Wann und warum gibt es Gegenmeinungen? Wie setzt man sich ordentlich mit denen auseinander? Was macht eine Behauptung ideologisch?

In einer guten Schule entwickeln Kinder und Jugendliche allmählich ein »Gefühl« für Wissen. Und sie lernen argumentieren. Nichts ist in Stein gemeißelt oder gar ewig; trotzdem können wir als Menschheit unser Wissen verfeinern. Kinder und Jugendliche sollten eine Ahnung davon bekommen, dass es bei dieser Wissenssuche redlich oder weniger redlich zugehen kann und dass Interessen Ergebnisse beeinflussen können. Und sie sollten sich Kriterien erarbeiten, woran man die Redlichkeit erkennen kann, auch wenn das nicht immer möglich ist.

Wer zu alledem keinen Zugang bekommt, ist viel leichter manipulierbar. Er oder sie »glaubt« dann angebliche Aussagen der Wissenschaft, manchmal Inhalte des Mainstreams, manchmal Inhalte abweichender Meinungen, manchmal solche, die sich als Wissenschaft tarnen, tatsächlich aber ausschließlich Interessen vertreten. Wissen und Fakten sind nicht unbedingt dasselbe.

Wissen wird schnell ergänzt und veraltet nur langsam

Das bisherige Menschheitswissen wird ständig durch neue wissenschaftliche Ergebnisse ergänzt und öfter in einen neuen Rahmen gestellt. Ersetzt wird es selten, ganz ähnlich wie das Wissen in einem einzelnen Kopf. Eine schiefe Ebene bleibt trotz Quantenphysik eine schiefe Ebene. Wenn der Meeresspiegel steigt, dann auf der ganzen Erde gleichmäßig. Das war schon immer so; neu ist, dass wir sagen können, warum er das tut. Menschen wussten immer schon, dass sie nur überleben, wenn sie atmen, essen und trinken. Neu ist, dass wir wissen, welche Stoffe in der Atemluft gefährlich sind, dass eine gesunde Ernährung auch ohne Fleisch auskommt oder dass sich alkoholische Getränke nicht zum Durstlöschen eignen. Die europäische Kultur baut immer noch auf Griechen, Römern und Christentum auf. Neu ist, dass wir wissenschaftlich begleiten können, was sich verändert, wenn andere Einflüsse dazukommen.

Natürlich veraltet auch Schulwissen, aber das dauert meist lange. So versucht die Wissenschaft heute nicht mehr, aus Messing Gold zu kochen. Sie hält die Erde nicht mehr für eine Scheibe. Sie hat widerlegt, dass die Leber das Blut aus der Nahrung bildet. Sie glaubt nicht mehr, dass der Teufel in Menschen fahren und sie »verrückt« machen kann. Sie hat sich sogar von ihrer Vorstellung verabschiedet, Intelligenz und Begabung würden direkt vererbt.

Schulwissen ist höchstens am Rande das, was aktuell in der Wissenschaft diskutiert und vielleicht übermorgen wieder verworfen wird. Schulwissen ist das destillierte Grundwissen der Menschheit in einigen Bereichen; es ändert seine Färbung, seine Schwerpunkte, und manchmal wird es neu interpretiert und zusammengesetzt. Genau das hat die Schule den Schülerinnen und Schülern nahezubringen, zu belegen und zu begründen. Auf dieser Basis können sie sinnvoll weitersuchen, weiterdenken und so ihr Verständnis erweitern.

Das Netz – sich Wissen schnell besorgen?

Das Internet stellt, so sagt man, das gesamte Wissen der
Menschheit bereit und zur Verfügung. Doch das ist nur die
halbe Wahrheit. So gibt das Netz etwa sofort Auskunft darüber, wie hoch die Zugspitze ist oder wann der erste Welt-
krieg war.

Die andere Hälfte der Wahrheit: Beim breiteren Wissen
und komplexeren Verknüpfungen verhält es sich mit dem
Netz durchaus schwieriger.

Einerseits liefert es grundsätzlich Millionen von Seiten.
Es ist aussichtslos, diese Informationen auch nur zu sichten,
geschweige denn zu verarbeiten. Gleichzeitig läuft die Su-
che immer über Suchmaschinen. Deren Interessen liegen
nicht unbedingt offen, beeinflussen aber naturgemäß die
Such-Algorithmen. Da tauchen dann ungewöhnliche Ergebnisse erst auf Seite 100 auf, und bis dahin klickt sich kein
Mensch durch. Die meisten Leute verlassen sich sowieso
auf die Hinweise der ersten beiden Seiten.

Nicht viel weniger geben sich gleich mit Wikipedia zufrieden. Doch die »Schwarmintelligenz« schreibt auch ziemlich
viel Unsinn. Wikipedia wird zwar ständig überarbeitet. Wer
aber weiß, ob Sie gerade dort waren, bevor ein Fehler getilgt
wurde?

Sie bekommen im Netz nicht unbedingt die Informationen, die Sie »brauchen«. Sie bekommen die, die Sie zu suchen in der Lage sind. Und wie sonst beim Wissen auch, suchen Sie umso kompetenter, je mehr Sie über ein Thema
bereits wissen. Nehmen Sie etwa ein Fachgebiet, in dem Sie
sich auskennen. Das kann etwas Berufliches sein, ein
Hobby, eine Erkrankung in der Familie oder Ihr Ehrenamt.
Da suchen Sie wirklich gezielt im Netz, mit mehreren
Stichworten. Erst damit ist es möglich, dass Sie sehr wenige
Seiten an Stichworten bekommen. Und bei denen erkennen

Sie auch noch relativ gut, welche Informationen etwas taugen und welche nicht.

Sich Lernfächerstoff aneignen

Wissen ist mehr als Fakten. Wissen sind verknüpfte Inhalte. Die beruhen oft auf Fakten, oft aber auch primär auf Ideen. Ideen wie Fakten können in ein Gerüst eingebaut sein. In diesem Rahmen verbindet man die Ideen oder betrachtet die Fakten unter einem Dach. Auch wenn das sehr verkürzt beschrieben ist: So etwas nennt man eine Theorie. Und Theorien sind es, die sich gelegentlich ändern – dann, wenn sich neue Befunde nicht mehr unter das bisherige Theorie-Dach einordnen lassen.

Grundsätzlich eignet sich der Mensch neues Wissen an, indem er vorhandenes Wissen ergänzt oder vertieft. Besonders aufwendig ist es, einen neuen Bereich »anzulegen«, und zwar so, dass junge Menschen dieses Wissen selbst ergänzen können. Genau das erwarten wir von der Schule.

Dann erklären Lehrer das Basale und auf dieser Basis stellen sie den Kindern und Jugendlichen anspruchsvolle Aufgaben. Indem ihre Schüler diese lösen, vertiefen sie ihr Wissen. Die Aufgabe kann auch beinhalten, sich Wissen selbst zu erschließen. Dann müssen die Jugendlichen Informationen zusammentragen – auch aus dem Netz – und sich eigenständig damit auseinandersetzen. Dafür sind die Arbeitsmethoden wichtig: markieren, Fragen stellen, selbst zusammenfassen, Informationen in Grafiken oder Tabellen packen. Um die Ergebnisse schließlich vorzustellen, müssen sie auch lernen, korrekt zu argumentieren.

Erwarten Sie also von den Lehrern Ihres Kindes nicht, dass sie »reine Fakten« in die Köpfe träufeln. Erwarten Sie, dass sie auch in den »Lernfächern« anspruchsvolle Aufgaben verteilen, durch die Ihr Kind etwas versteht. Und verwickeln Sie es immer wieder in Gespräche über Wissensthemen. Zum Beispiel über die Frage, warum ein schweres Schiff aus Eisen im Wasser schwimmt.

22. Konzentration fördern

Empfindet Ihr Sohn oder Ihre Tochter eine Aufgabe für die Schule als interessant, dann gelingt die Konzentration relativ einfach. Andere Aufgaben sind langweiliger, aber trotzdem nötig (Kapitel 16), etwa Wörter lernen. Doch auch das geht schneller von der Hand, wenn sie sich darauf konzentrieren, und überdies ist das Ergebnis von höherer Qualität. An einigen Punkten können Sie dazu beitragen, die Konzentration Ihres Kindes zu Hause zu fördern – oder zu behindern.

Hintergrundmusik und Konzentration

Viele Jugendliche versuchen, ihrer selbstständigen geistigen Arbeit die Langeweile zu nehmen, indem sie nebenher Musik hören. Hintergrundmusik kennen sie von überall her – im Kaufhaus hört man Musik, im Restaurant, beim Friseur, in der Toilette, vor dem Fußballspiel oder beim Zahnarzt. Sehr oft auch zu Hause. Wie ist es bei Ihnen zum Beispiel während des Essens? Falls da auch Musik läuft, stört Sie Hintergrundmusik sicher nicht prinzipiell. Und doch haben viele Eltern etwas gegen Hausaufgaben-Musik; allerdings vor allem gegen das Genre, etwa Hiphop, Techno, Rap und so weiter.

Tatsächlich ist das Genre weitgehend unerheblich. Problematisch ist die Hintergrundmusik an sich. Auch wenn Vertreter des *Superlearnings* behaupten, mit bestimmten Musikarten im Ohr lerne man ganz von selbst: Es stimmt nicht. Wer sich auf etwas konzentrieren möchte, während nebenbei Musik läuft, muss die Musik geistig aktiv ausblenden. Das ist selektive Aufmerksamkeit, genau wie in einem lauten Klassenzimmer (Kapitel 6). Selektiv aufmerksam sein strengt aber mehr an als einfach aufmerksam sein; trotzdem ist die Leistung schlechter: Man macht mehr Fehler, und am Schluss hat man länger gebraucht; manche meistern die Aufgabe nicht einmal vollständig.

Absolut ruhig darf es aber auch nicht sein; völlige Stille macht Angst. Menschen benötigen das, was man *Hintergrundrauschen* nennt. Es muss aber leise genug sein, um keine Aufmerksamkeit auf sich zu ziehen, und es darf keinen Text enthalten. So etwas sind etwa Kinderstimmen, Vogelgezwitscher, entferntes Rufen von Bauarbeitern oder ein paar Verkehrsgeräusche. Musik ist es höchstens, wenn sie sehr leise ist und wenn die Person dabei entspannt ist, statt innerlich mitzutanzen.

Laute Musik

Normalerweise hören spätestens Jugendliche »ihre« Musik via MP3-Player oder Handy. Je lauter die Hintergrundgeräusche, umso mehr drehen sie auf, etwa im Straßenverkehr. Technisch erreichen die Geräte problemlos 90 dB (Dezibel), oft mehr, in Diskos oder bei Open-Air-Konzerten mindestens 100 dB. Das ist erheblich lauter, als in jedem Beruf erlaubt ist: Ab 80 dB – so laut ist ein Rasenmäher oder ein vorbeifahrendes Auto – ist an jedem Arbeitsplatz in der EU ein Gehörschutz vorgeschrieben, 100 dB ist viermal so laut.

Leider kümmert das Jugendliche nicht. Leider, weil inzwischen nachgewiesen ist, dass das Gehör hohe Lautstärken nicht verzeiht. Es führt bereits zu messbaren Hörschäden, wenn sie die Lautstärke ihres Geräts anderthalb Stunden täglich zu 80 Prozent aufdrehen. Bis sie das merken, sind sie längst erwachsen.

Forscher der Universität Münster untersuchten 2011 zwei Gruppen von Studierenden, von denen die eine in ihrer Freizeit regelmäßig laute Musik hörte. Die Musikfans konnten zwar so gut hören wie ihre gleichaltrigen Kollegen. Aber sie hatten erheblich mehr Schwierigkeiten dabei, Töne aus Hintergrundgeräuschen herauszufiltern, was sie selbst allerdings nicht merkten. Sie konnten sich schlechter selektiv konzentrieren und mussten sich mehr anstrengen als die Kollegen. Keine gute Voraussetzung dafür, noch viele Jahre konzentriert geistig zu arbeiten.

Wenn Jugendliche ihrem Gehör möglichst wenig laute Beschallung zumuten, schützt das direkt das Gehör und indirekt die Konzentrationsfähigkeit. Die Sache mit der Disko ist sehr schwierig zu lösen, schließlich geht es dort ausdrücklich auch um die »Ganzkörperbeschallung«. Bei Kopfhörern dagegen gibt es erste technische Lösungen, Hintergrundlärm auszublenden; damit bräuchte man ihn nicht mehr mit extremen Schallpegeln zu übertönen.

Multitasking senkt die Konzentration

Wer selektiv aufmerksam ist, blendet von zwei Reizen einen aus und konzentriert sich auf den zweiten. Das kostet Zusatzaufwand. Nun könnte es ja sein, dass es einfacher wäre, sich auf beides gleichzeitig zu konzentrieren, genauer: auf zwei Aufgaben. So etwas nennt man in der Psychologie *dual tasking*, also doppelte Aufgabenbearbeitung. Versucht man es mit mehr als zwei Tätigkeiten, ist das *Multitasking*.

Multitasking ist der Inbegriff moderner Arbeit. Die Leute telefonieren, surfen im Netz und checken nebenbei ihre Mails, sie fahren Auto, telefonieren und beobachten zwischendurch das Navi. Jugendliche hören Musik, bewegen sich in deren Rhythmus, öffnen jede ankommende Mail, checken ihren Account bei Facebook – und machen nebenbei ihre Hausaufgaben.

Multitasking ist das Verhalten. Das hat eine neuropsychologische Basis, und die heißt *geteilte Aufmerksamkeit*. Multitasking sieht aus wie gleichzeitig und fühlt sich auch so an. Tatsächlich flitzt man schnell zwischen den beiden Tätigkeiten hin und her. Schon seit Jahrzehnten ist bekannt, dass dieses Verhalten einen Preis hat: Man macht schon beim *dual tasking* mehr Fehler und braucht auch noch länger. Nur nimmt man es nicht unbedingt wahr. Die Physiologie reagiert aber deutlich: Das Herz schlägt schneller und die Muskelspannung steigt. Frauen und Männer sind übrigens gleich schlecht, Jugendliche nur minimal besser.

Trotzdem gehört Multitasking heute nicht nur zum Alltag, sondern auch zum guten Ton. Dabei könnte man es ja vielleicht üben und schließlich doch beherrschen. Die Wissenschaft sagt: nein. Das haben zum Beispiel Eyal Ophir und Kollegen 2009 belegt: Sie untersuchten junge erwachsene Multitasker, die regelmäßig in mehreren digitalen Medien gleichzeitig unterwegs waren. Die verglichen sie mit Gleichaltrigen, die sich im Alltag normalerweise auf jeweils eine Aufgabe konzentrieren, also Monotasking betreiben. Als beide Gruppen unter Aufsicht kognitive Aufgaben bearbeiteten, waren die »Multitasker« leichter ablenkbar und konnten ihr Arbeitsgedächtnis schlechter steuern. Besonders erstaunlich ist das dritte Ergebnis: Beide Gruppen bearbeiteten auch eine Dualtasking-Aufgabe. Und dort schnitten die Monotasker deutlich besser ab als die Alltags-Multitasker; es waren also ausgerechnet diejenigen besser, die sich normalerweise auf eine Aufgabe konzentrieren. Es scheint also höchst sinnvoll, die elektronischen Zusatztätigkeiten auf die Pausen zu verlegen.

Aufgaben selbst beeinflussen die Konzentration

Wenn Menschen nichts zu tun haben oder etwas Monotones bearbeiten, dann langweilt das Junge wie Alte. Auf Langweiliges kann man sich schlecht konzentrieren. Konzentration fällt uns umso leichter, je interessanter die Sache ist, mit der wir uns beschäftigen, und je mehr sie uns herausfordert, ohne uns zu entmutigen.

Bearbeitet Ihr Kind eine Aufgabe, die es selbst interessant findet, dann ist die Aufgabe selbst Motivation genug und die Konzentration ist hoch. Dass es dabei den Inhalt tiefer verarbeitet und ihn besser und nachhaltiger speichert, ist ein Nebeneffekt, den es nicht unbedingt direkt im Blick hat. Dafür ist es eine Freude in sich selbst, die Aufgabe gelöst zu haben, selbst – und manchmal gerade – wenn es länger gedauert hat.

Allerdings benötigen Kinder wie Jugendliche immer mal wieder zusätzliche psychische Ermutigung, sowohl von Ihnen als Eltern als auch von schulischen Betreuern. Das ist vor allem dann der Fall, wenn die »Belohnung« lange auf sich warten lässt, etwa beim Geige üben. Das liegt nicht zuletzt daran, dass man ein ausgereiftes Frontalhirn braucht, um verzögerte Erfolge gelassen abzuwarten. Und diese Reifung dauert.

Sich selbstständig konzentrieren

Viele Eltern fühlen spätestens mit der 5. Klasse die Zeit dafür gekommen, die Hausaufgaben ihrer Kinder zu unterstützen.

Nehmen Sie die Hausaufgaben täglich in den Blick, falls Ihr Kind keine gebundene Ganztagsschule besucht, und am Wochenende immer. Achten Sie im Hintergrund darauf, dass sie erledigt werden. Es gibt auch einen Zeitrahmen: tagsüber. Um den guten Schlaf nicht zu gefährden, sollten die letzten zwei Stunden vor dem Schlafengehen arbeitsfrei sein, also auch frei von Hausaufgaben (Kapitel 14 und 15).

Der Zweck der Hausaufgaben ist nicht, dass sie richtig gelöst sind. Der Zweck ist, dass Ihr Kind sie konzentriert bearbeitet und dadurch Neues für sich erkundet. Das verhindern Sie, wenn Sie ihm gut gemeint eine Aufgabe »abnehmen«. Unterstützen Sie es höchstens, indem Sie klug fragen; die Lösung muss es selbst finden.

Um konzentriert und selbstständig geistig arbeiten zu können, braucht Ihr Kind einen eigenen Schreibtisch, der ordentlich beleuchtet ist. Auch in einer guten Arbeitsumgebung zeigt sich, dass Sie die geistige Arbeit Ihres Kindes als solche anerkennen. Auf dem Schreibtisch sollte es nicht allzu chaotisch aussehen, weil das entweder selektive Aufmerksamkeit erfordert oder gleich zu Multitasking verleitet. Ermutigen Sie es, für seine Arbeit auch Zeit und Energie aufzuwenden. Und sprechen Sie nicht moralisch darüber, wie wichtig Wissen ist. Leben Sie es vor, so begeistert, wie Sie es von den Lehrern Ihres Kindes erwarten.

23. Prüfungen gut vorbereiten

Wie ging es Ihnen selbst mit Prüfungen in der Schule – und später? Sind Sie guter Dinge hingegangen? Fühlten Sie sich gut vorbereitet? Hatten Sie das Gefühl, sich auch in schwierigen Situationen auf sich selbst verlassen zu können? Dann waren Sie vermutlich gut in der Schule. Umgekehrt gilt das nicht: Auch gute Schüler sehen Prüfungen nicht immer so entspannt.

Oder haben Sie vor jeder Prüfung flach geatmet, raste der Puls, fiel Ihnen das Herz in die Hosentasche? Haben

Sie schon vorher befürchtet, es werde »wieder mal alles schiefgehen«? Kennen Sie es, dass Ihnen in einer Prüfung die einfachsten Dinge nicht mehr einfielen? Hatten Sie schon Bauchschmerzen vor einer Prüfung – oder haben Sie sich vorsichtshalber öfter mal krank gemeldet? Dann waren Sie zumindest in zahlreicher Gesellschaft. Und wenn es Ihrem Kind ähnlich geht, werden Sie sicher überlegen, wie Sie dazu beitragen können, ihm so etwas zu ersparen.

Prüfungsangst

Der Begriff *Prüfungsangst* hat es immerhin zum Fachterminus und auf dutzende von Ratgebern gebracht. Bewahren Sie allerdings Ihr Misstrauen, wenn ein Buch verspricht, nach seiner Lektüre würde jede Prüfung zum Kinderspiel. So einfach ist es nicht.

Eines stimmt: Nicht jede Prüfung macht Angst. Stress macht jede. Das nutzt übrigens die psychologische Forschung. Wer dort experimentell eine Stresssituation erzeugen möchte, veranstaltet eine Art winziger Prüfung: Man bittet die Leute zu rechnen oder eine kleine Rede zu halten. Eigentlich sollte das völlig harmlos sein, weil sie nicht bewertet werden – gestresst fühlen sich dennoch alle. Ihr Körper reagiert zuverlässig: Der Puls steigt, der Blutdruck auch, sie schwitzen und erröten, und im Blut kreisen vermehrt die Stresshormone Adrenalin und Kortisol.

Schulprüfungen sind weniger harmlos, sie werden benotet. Die Kölner Psychologen Lydia Suhr-Dachs und Manfred Döpfner (2005, S. 12) berichten, dass Prüfungsangst beziehungsweise »Leistungsangst als eine der häufigsten Angstformen bei Kindern zwischen neun und zwölf« gilt. Etwa jede/r siebte Jugendliche zwischen zehn und 18 fürchtet schlechte Noten und sogar jede/r fünfte hat »häufig Angst, durch eine Prüfung zu fallen«. Das ist bei Mädchen und Jungen praktisch gleich und ändert sich auch nicht mit dem Alter.

Das ist eindeutig mehr als Stress und es beeinträchtigt die Freude am Denken und an Neuem allgemein. Wenn Ihr Kind massive Prüfungsangst hat, dann müssen Sie versuchen, ihm zu helfen. Wenn sie nur bei einer Lehrkraft auftritt, hat sie eventuell unpassende Prüfungsaufgaben gestellt oder destruktiv korrigiert. Dann können Sie das nicht einfach hinnehmen. Falls die Angst grundsätzlich auftritt, ist sie ein Thema für die schulpsychologische Beratung, eventuell sogar für eine Therapie.

Einstellung der Eltern zu Schulleistungen

Wenn Ihr Kind regelmäßig Angst vor Prüfungen hat, ist das aber auch für Sie als Eltern ein Grund nachzudenken. Suhr-Dachs und Döpfner nennen nämlich genau zwei Hauptgründe dafür, dass sich Kinder und Jugendliche in Schule und Prüfungen gestresst fühlen. Der erste sind die Eltern beziehungsweise der Leistungs- und damit Notendruck, den sie ausüben. Der zweite ist, dass sie sich ihren Hausaufgaben nicht gewachsen fühlen.

Beginnen wir mit dem ersten und einer Selbsterkundung. Wenn Ihre Vorgesetzten in der Arbeit Druck machen oder Angst verbreiten, nicht machbare Arbeitsaufträge vergeben oder Kündigungen in den Raum stellen: Arbeiten Sie dann besser oder schlechter? Die Arbeitspsychologie hat sehr stabil belegt: ausnahmslos schlechter. Viele Chefs glauben noch immer, mit Druck das Beste aus den Mitarbeitern »herausholen« zu können. Tatsächlich ist das ein Holzweg. Druck macht Angst, und Angst behindert Denken und Lernen. Das ist bei Erwachsenen so und bei Kindern und Jugendlichen erst recht. Wenn dann auch noch ausgerechnet die Eltern den Druck machen, liegt die Angst noch näher.

Das Gegenteil hilft allerdings auch nicht weiter. Jugendliche lassen schon mal alles schleifen, wenn es ihren Eltern völlig gleichgültig ist, wie sie in Prüfungen abschneiden. Als Eltern könnten Sie schon auch als Gratwanderung empfinden, wie interessiert Sie sich zeigen. Auf der einen Seite des Grats lauert die Gleichgültigkeit, auf der anderen falscher Druck. Es kann helfen, die Balance besser zu halten, wenn Sie sich mit anderen Eltern darüber austauschen.

Gute Noten sind wunderbar, aber schlechte sind keine Katastrophe. Machen Sie sich die Notenüberlegungen aus Kapitel 4 auch als Eltern zu eigen. Betrachten Sie Prüfungen während der Schulzeit in erster Linie als Rückmeldung. Sie zeigen, womit sich Ihr Kind intensiver beschäftigen sollte. Je mehr Prüfungen es gut besteht, umso weniger Angst hat es. Es hat nämlich implizit Selbstvertrauen gelernt. Dann geht es gelassener hinein, auch in Abschlussprüfungen.

In der Prüfung

Jede Prüfung erfordert eine intensive Gedächtnisleistung, und zwar eine der dritten Stufe in dem dreistufigen Gedächtnismodell aus Aufnehmen/Verschlüsseln, Speichern und Abrufen/Wiedergeben. Am meisten Inhalte fallen einem bei der Wiedergabe ein, wenn man sie nur wiedererkennen muss; am wenigsten hat man parat, wenn man das Wissen aktiv formulieren muss. Wer unter Stress Wissen abruft, kann nicht ohne Weiteres auf alles zugreifen. Man kann sich das vorstellen wie Multitasking: Die erste Aufgabe ist die Prüfung, die zweite, den Stress in Schach zu halten.

Es macht erheblich weniger Stress, wenn viele Einzelschritte automatisiert sind, die immer wieder auftauchen. Wer eine arithmetische Zwischenaufgabe schnell selbst rechnet, statt es dem Taschenrechner zu überlassen, macht keine Tippfehler, ist viel schneller und weniger aufgeregt. Wer ein englisches oder französisches Wort im Kopf hat, verliert keine Zeit mit Suchen und hat keinen Stress. Grundsätzlich ist der Stress geringer, wenn der Inhalt schon häufig abgerufen und das Wissen auf diesem Weg tiefer verarbeitet ist. Hat der oder die Jugendliche den Prüfungsstoff dagegen erst am Tag zuvor »gelernt«, ist er nur sehr vorläufig gespeichert. In diesem Fall ist das »Wissen« unsicher, was den Stress erhöht und den Abruf erschwert. Ganz abgesehen davon, dass er oder sie schon einiges wieder vergessen hat.

Eine solide Vorbereitung ist immer kleinteilig. Wer über Schuljahre hinweg kontinuierlich arbeitet – kleinere Lücken inklusive –, hat zumindest den roten Faden grundsätzlich parat. Er verfügt über verarbeitetes Wissen, vor einer konkreten Prüfung muss er es nur wiederholen. Das braucht weniger Zeit, als neu zu lernen, und es ist erheblich nachhaltiger. So jemand geht nicht völlig locker in die Prüfung, aber ohne Prüfungsangst. Damit kommen wir zum zweiten Grund für Schulstress und Prüfungsangst: Die betroffenen Schüler fühlen sich von den Hausaufgaben überfordert.

Täglich geistig arbeiten – Pausen eingeschlossen

Einiges zu Hausaufgaben finden Sie in den fachspezifischen Kapiteln 19 bis 21. Gute Aufgaben können Sie von den Lehrkräften einfordern. Wie Ihr Kind die bearbeitet, liegt in seiner Verantwortung. So nützt es, ungefähr eine Arbeitsabfolge einzuhalten: zuerst das »Langweiligere« erledigen, später das Spannendere. Also zum Beispiel: Wörter lernen, kleine Pause, Mathematik üben, kleine Pause, Vokabeln lernen. Nach einer größeren Pause folgen dann die interessanteren Aufgaben einschließlich die kniffligeren mathematischen. Mit jeder gelösten Aufgabe sollte es erleben können, dass es sich neue Kompetenzen erschließt.

Insgesamt sollte das nicht allzu viele Stunden dauern, zusammen mit dem Unterricht maximal so lange wie ein nor-

maler Arbeitstag. Wie bei der Ganztagsschule benötigt Ihr
Kind dabei außerdem auch zu Hause einen Rhythmus, der
biologisch angemessen ist. Nur in Ausnahmefällen und mit
viel Routine kann man stundenlang geistig arbeiten.

Spätestens nach anderthalb Stunden geistiger Arbeit ist
schon biologisch eine längere Pause nötig, bei monotone-
ren Tätigkeiten wie Vokabeln lernen schon nach 20 bis 30
Minuten. Einen Mittagsschlaf brauchen Grundschulkinder
gar nicht, Jugendliche nur dann, wenn ihre Nächte zu kurz
sind; Näheres steht in den Kapiteln 11 und 12. Die Pause ermöglicht nicht nur, später wieder konzentriert weiterzuar-
beiten. Sie ermöglicht auch eine erste Konsolidierung des
Gelernten.

Was tun in der Pause? Am besten ein Kontrastprogramm, Bewegung etwa, am Instrument üben oder auch etwas essen oder trinken. Falls Ihr Sohn oder Ihre Tochter
ohne elektronische Multitasking-Versuche ausgekommen
ist, ist die Pause der richtige Zeitpunkt für die digitale
Freundschaftspflege.

Auch wenn es langweilig klingt: Das Erfolgsrezept für
Hausaufgaben und damit für stressarme und gute Prüfungen heißt »mäßig, aber regelmäßig«. Das liegt daran, wie
unser Kopf arbeitet: Schön systematisch fügt er neues Wissen dem konsolidierten alten hinzu.

TEIL D
Schule und der Rest des Tages

In den bisherigen Kapiteln ging es darum, was Sie als Eltern wissen müssen, um im Hintergrund gute Hilfestellung leisten zu können. Dazu gehört, was Sie von der Schule und den Lehrern erwarten können und was von Ihrem Kind. Sie haben auch gesehen, wie Sie selbst Ihren Sohn oder Ihre Tochter unterstützen können, sehr häufig indirekt. Drücken wir es kognitionspsychologisch aus, dann waren das Informationen, die Sie selbst explizit verarbeiten.

In diesem vierten Teil geht es um die Zeiten des Tages, die Ihr Kind nicht in der Schule verbringt. Dann sind Sohn oder Tochter zu Hause oder gehen ihren eigenen Beschäftigungen nach; einige davon haben Sie sogar gemeinsam ausgesucht, etwa den Sportverein oder die Musikschule. Vor allem zu Hause sind Sie selbst immer direkt beteiligt. Auch wenn Sie nicht häufig darüber sprechen: Ihre eigenen Gewohnheiten und Weltsichten beeinflussen Gewohnheiten und Weltsicht Ihres Nachwuchses ziemlich direkt.

Insofern betreffen die Fragen in diesem vierten Teil Sie als Person. Etwa: Wie begegnen Sie Ihrem Kind? Wie anderen Menschen? Wie sich selbst? Sind Sie eher nachsichtig oder eher fordernd? Wie gut können – und wollen – Sie sich einfühlen? Beantworten Sie sich diese Fragen selbst, dann sehen Sie klarer, welches »Handwerkszeug« Tochter und Sohn mitnehmen in ihre soziale Alltagssituation Schule. Dort greifen sie darauf zurück und wenden es an, und das ist ihnen in der Regel nicht bewusst. Sie haben es nämlich implizit von ihren Eltern gelernt.

Als Mutter oder Vater bleiben Sie im Jugendalter eine sehr wichtige Person für Ihr Kind, auch wenn es sich manchmal so verhalten mag, dass Sie daran zweifeln. Gleichzeitig intensiviert der junge Mensch seine Beziehungen zu anderen Personen, und seine Freundschaften werden immer reifer. Die Gleichaltrigen – in der Fachsprache nennt man sie englisch »peers« – lernt es in der Schule kennen oder während sozialer Aktivitäten in der Freizeit. Auch physisch unbekannte Gleichaltrige aus den Internet-Netzwerken gehören dazu, die dort sogar Freunde heißen. Welche Köpfe Ihr Kind in seinen Freundeskreis aufnimmt, können Sie nur sehr bedingt beeinflussen.

In diesem vierten Teil richten wir den Blick auf diese Aspekte des Lebens, die von außen mitbeeinflussen, wie Ihr Kind durch die Schule kommt. Sie wirken sich nicht nur auf Befinden, Leben und Erleben Ihres Kindes aus, sondern auch auf sein Selbstkonzept. Das bahnt, wie wohl es sich in seiner Haut fühlt, ob es entspannt ist oder Angst davor hat, irgendwo zu »versagen«. Das wirkt darauf zurück, wie motiviert und ernsthaft es seine Arbeit in der Schule macht und welche Kompetenzen es dabei erwirbt.

24. Rhythmen und Familienleben

Während der Schulzeiten beansprucht die Schule an fünf von sieben Tagen in der Woche einen großen Teil des Tages, wenn auch längst keine 24 Stunden. Kinder und Jugendliche verbringen auch wochentags mehr Zeit zu Hause oder selbstständig unterwegs als in der Schule.

In diesen Zeiten zu Hause haben Sie als Eltern die Basis für das gelegt, was man Selbstkonzept nennt, also das, was

Ihr Kind über sich selbst denkt. Je älter es wird, umso mehr geht in dieses Selbstkonzept ein, wie es selbst seine Handlungen einordnet und welche Rückmeldungen anderer es erhält. Trotzdem bilden Sie den Hintergrund, und Sie bleiben auch die erste Beurteilungs-Instanz im Alltag. Dazu gehört alles, was jeden Tag zu Hause geschieht, was Sie miteinander tun und was Sie miteinander reden. In diesem Kapitel geht es um den zeitlichen Rahmen, in dem Sie das als Familie tun – oder eben nicht.

Tagesrhythmik und Gespräche

Ein Menschenkind schaut immer ab, wie sich seine Eltern verhalten. Das nennt man »Lernen am Modell«. Es zieht aber auch eigene Schlüsse aus dem, was in der Familie geschieht. Sein Selbstkonzept ist positiv, wenn es dort Wertschätzung erfährt und viele Gespräche erlebt: Sie sprechen über Freuden und Leiden in allen Lebensbereichen, die Eltern fragen nach den Aktivitäten und Leistungen in der Schule und nach allem, womit sich ihre Kinder momentan beschäftigen.

Das geht am besten wie immer bei Menschen: beim Essen. »Familienmahlzeiten« brauchen nicht notwendig durch Ganztagsschule und berufstätige Mütter verschwinden. Aber sie verlagern sich während der Woche zunehmend auf das Abendessen.

Es hat zwei Vorteile, regelmäßig gemeinsam zu Abend zu essen: Zum einen ist dadurch täglich eine Zeit reserviert, in der Sie miteinander sprechen. Damit kann sich Ihr Nachwuchs sicher sein, dass Sie an ihm interessiert sind. Sie können dann Missverständnisse ausräumen, und Konflikte lassen sich oft noch informell schlichten. Natürlich nur, wenn im Hintergrund weder Radio noch TV laufen (Kapitel 22).

Zum anderen nützen Sie mit dem täglichen gemeinsamen Abendessen Ihrer aller Gesundheit. Sie gönnen sich dabei zwei direkte Zeitgeber: die tägliche Mahlzeit zur gleichen Zeit und die regelmäßige gemeinsame Aktivität. Das unterstützt den guten Schlaf zum richtigen Zeitpunkt, Ihren eigenen und den Ihres zum Abendtyp werdenden Jugendlichen (Kapitel 8 und 12).

Erschwert werden gemeinsame Mahlzeiten durch Nacht- und Wechselschichten. In Krankenhäusern und bei der Polizei sind sie nicht vermeidbar, aber viele Branchen fordern sie nur aus finanziellen Gründen. Dabei schaden sie nicht nur der Gesundheit der Betroffenen, sondern auch deren Familien; wir alle sollten uns fragen, ob es das wert ist.

Längere Rhythmen und der Sonntag

Neben Tagesrhythmen und Mehrstundenrhythmen (Kapitel 5 und 22) gibt es biologische Rhythmen mit längeren Periodenlängen. So verlaufen viele Infektionskrankheiten in einem Sieben-Tages-Rhythmus. Sieben Tage könnten also etwas mit Heilung zu tun zu haben. Aber auch der Menstruationszyklus dauert mit 28 Tagen ausgerechnet das Vierfache von sieben.

Unsere gesamte Kultur »lebt« in einem Sieben-Tages-Rhythmus. Der ist ursprünglich ein Auftrag der Bibel, doch die scheint damit eine ausgesprochen menschlichfreundliche Vorgabe zu machen. Dass er inzwischen regelmäßig von neoliberalen Sonntagsstürmern als überholt, unmodern und wirtschaftsfeindlich gebrandmarkt ist, zielt eindeutig nicht auf eine höhere Lebensqualität aller.

Analog zu den Pausen, die wir sinnvoll über den Tag verteilen, benötigen wir auch regelmäßig wiederkehrende Tage, die wir anders gestalten als die übliche Arbeit. Dann fühlen wir uns wohl, sind gesund, haben Energie und können vernünftig arbeiten. Dabei geht es nicht einfach darum, gelegentlich auszuschlafen oder Hobbys nachzugehen. Regelmäßig wiederkehrende arbeitsfreie Tage bieten vielmehr die Zeit, verbindliche soziale Beziehungen zu pflegen. Diese Beziehungen sind elementar nötig für eine ausgeglichene Psyche und ein normales Selbstwertgefühl, egal wie alt man ist. Bei Kindern und Jugendlichen hat all das wiederum Einfluss auf die Schule.

Regelmäßige gemeinsame Zeiten verbringen kann eine Familie nur dann, wenn alle Familienmitglieder gleichzeitig frei haben. Deshalb ist für Familien der freie Sonntag nachgerade lebenswichtig. Kirchen und Gewerkschaften haben sich schon verbündet, um ihn zu »retten«. Der Samstag kann diesem Zweck nur noch eingeschränkt dienen: Das Statistische Bundesamt berichtete 2012, dass bereits jeder vierte Erwerbstätige am Samstag arbeitet. Pech für die Kinder.

Jahresrhythmen und Ferien

Unsere Biologie folgt neben den bisher aufgeführten Rhythmen auch noch Jahresrhythmen, gerade in unseren Breiten. So brauchen wir im Sommer weniger Schlaf, essen weniger und sind biologisch aktiver; das wird vermutlich durch die längeren Tage und die intensivere Sonneneinstrahlung gebahnt (Kapitel 12).

Insofern sind die Ferien eine besondere Chance. Allerdings dauern sie erheblich länger, als Eltern je Urlaub bekommen. Viele Jahre müssen Sie sich also Programm für diese Zeit überlegen. Eins vorab: Ferien sind nicht dafür da, den Tag mit Nachhilfe zu verbringen. Ein wenig Wiederholung zwischendurch ist gut, weil es dem völligen Vergessen vorbeugt. Ansonsten sind Ferien eine lange Pause: Wie die kürzeren Pausen wirken sie dann am besten, wenn sie Kontrastprogramm zum Schulalltag bieten.

Verbringen Sie deshalb während der Ferien als Familie längere Zeit am Stück gemeinsam. Dafür müssen Sie nicht verreisen. Es ist zwar bekannt, dass sich Familien im Urlaub statistisch besonders häufig streiten. Doch in diese Falle tappt vor allem, wer erwartet, dass im Urlaub alles besser läuft als im Alltag. Tatsächlich ist der Urlaub umso schwieriger, je weniger Zeit die Familie normalerweise miteinander verbringt. Dann haben die Beteiligten nämlich zu wenig Routine, Distanz zu wahren und Konflikte zu lösen. Und schon bläst sich jede kleine Meinungsverschiedenheit leicht zu echtem Streit auf. Erholungsfaktor: null.

Donata Elschenbroich, die bekannte Analystin des »Weltwissens« von Kindern und Jugendlichen, hat gemeinsam mit Otto Schweitzer einen Film gedreht, der *Die andere Bildung in den Ferien* heißt. Darin zeigen sie, was Kinder in den Ferien lernen können: Sie sehen, hören und erfahren Neues, stellen Fragen, denken Anregungen weiter, lernen neue Seiten an sich selbst kennen, übernehmen Verantwortung, lesen viel am Stück und so weiter. Das kann vor der Haustür geschehen oder auf Reisen.

Erleben Kinder oder Jugendliche allerdings nichts Neues und hängen womöglich nur herum, dann können die Ferien sie in ihrer geistigen Entwicklung zurückwerfen. Dann sinkt sogar der Intelligenzquotient, wie mehrfach belegt wurde. Elschenbroich jedenfalls warnt davor, dass sich die Bildungsschere in den Ferien noch weiter öffnet, wenn Kinder bildungsferner Schichten zu stark ohne Anregung sich selbst überlassen bleiben.

Gemeinsame, langer dauernde aktive Zeiten dagegen lehren Kinder nicht nur viele Dinge »für das Leben«. Sie stärken auch das Wir-Gefühl und damit die psychische Verfassung aller Beteiligten.

25. Körperliche Gesundheit

Es klingt so selbstverständlich, dass es Ihnen vielleicht banal vorkommt: Jede akute Erkrankung beeinflusst auch die geistige Leistungsfähigkeit. Doch in Mitteleuropa handeln viele Menschen durchaus so, als wäre ihnen diese Erkenntnis völlig fremd. Die Deutschen sind sicher nicht gesünder als Italiener, Franzosen oder auch Österreicher. Doch sie melden sich in Europa besonders selten krank. Fragt man nach, geben sie zu: Sie gehen häufig krank zur Arbeit.

Sie begründen das vor allem damit, dass sie Angst hätten, ihren Job zu verlieren. Andererseits kann man nur dann krank arbeiten gehen, wenn man von zwei Dingen überzeugt ist: Medikamente alleine richten es schon, und die Krankheit beeinträchtigt die eigene Leistungsfähigkeit höchstens marginal. Andernfalls würde man es kaum riskieren, im kranken Zustand mehr Fehler zu machen als sonst.

Akute Erkrankungen von Schülerinnen und Schülern

Wer als Eltern entscheiden muss, ob das eigene Kind gesund genug ist für die Schule, muss sich in sein Befinden einfühlen. Einfühlung – man sagt in der Psychologie auch Empathie – ist nie ganz einfach. Aber wer sich selbst krank zur Arbeit schleppt, ignoriert seine eigene Gesundheit ja auch. Hat so jemand Kinder, liegt es nahe, dass er auch die krank zur Schule schickt, je älter sie sind, umso sicherer. Das schadet dem Kind unmittelbar.

Was Ihr Kind in der Schule überhaupt lernen kann, liegt zum einen an seinem Vorwissen, der Qualität seiner Lehrkräfte, seiner genetischen Ausstattung und der Einstellung von Ihnen, seinen Eltern. Zum anderen hängt es aber daran, ob es den schulischen Informationen und Anforderungen interessiert und konzentriert begegnet. Ist es akut krank, kann es beides nicht.

Die üblichen akuten Erkrankungen gehen mit Fieber einher. Ein Kind mit Fieber gehört ins Bett und nicht in die Schule, und ein/e Jugendliche/r auch. Es geht dabei nicht nur darum, die anderen nicht anzustecken. Es geht auch nicht nur darum, dass Bettruhe viel nachhaltigere Heilung verspricht als jedes Grippemittel, nicht zuletzt durch den zusätzlichen Schlaf, in dem das Immunsystem intensiver arbeitet als im Wachen. Es geht darum, dass Fieber sämtliche geistigen Betätigungen be- wenn nicht verhindert. Schule mit Fieber ist Zeitverschwendung, und eine frustrierende noch dazu. Ihr Kind kann nämlich nichts von dem angemessen aufnehmen und verschlüsseln, was ihm geistig begegnet; was es nicht aufnimmt, kann es auch nicht verarbeiten. Ermöglichen Sie Ihrem Kind also, seine akuten Erkrankungen ganz normal auszukurieren. Mit Bettruhe.

Schmerzen

Bei einer anderen häufigen Beeinträchtigung hilft Bettruhe dagegen kaum weiter: bei unklaren Schmerzen. Die Deutsche Gesellschaft für Schmerztherapie berichtete bei ihrem Jahreskongresses 2012, mindestens jedes zehnte Kind klage häufig über Bauchschmerzen. Diese Schmerzen würden aber nicht genügend ernst genommen. Dabei fehlten fast alle Bauchschmerzen-Kinder regelmäßig in der Schule, jedes Dritte versäume sogar mehr als 10 Prozent aller Unterrichtstage.

Entgegen der Volksmeinung wachsen sich diese Bauchschmerzen nicht aus. Sie bleiben sehr oft bis ins Jugendalter bestehen, und fast die Hälfte dieser Kinder nimmt sie, so die Fachgesellschaft, sogar mit ins Erwachsenenalter. Das raubt nicht nur Lebensqualität. Es mindert auch die Chancen in der Schule. Ähnliches gilt für Kopfschmerzen.

Es beginnt damit, dass Schmerzen fast notwendig den Schlaf stören; das beeinträchtigt die körperliche Gesundheit, die geistige Fitness und die unbewusste Nachbereitung des Gelernten im Schlaf (Teil B). Außerdem mindern Schmerzen geistige Leistungen ganz akut; Aufmerksamkeit und Wahrnehmung werden flüchtiger, Gedächtnisspanne wie Arbeitsgedächtnis reduzieren sich. Die Schmerzgesellschaft empfiehlt vor allem, bei den betroffenen Kindern gut zu untersuchen, ob es irgendwelche Nahrungsmittel gibt, die sie nicht vertragen. Gleichzeitig können sich auch seelische Probleme in Schmerzen bemerkbar machen (siehe Kapitel 26). Für beides ist der Kinder- und Jugendarzt erster Ansprechpartner.

Krankheiten früh erkennen und die Kinder begleiten

Die Kinder- und Jugendärztin kennt Ihr Kind (hoffentlich) gut, und das nicht nur von den Gelegenheiten, wo es akut krank war. Sie oder er hat die Vorsorgeuntersuchungen U 1 bis U 11 durchgeführt und eventuell auch die Checks für Jugendliche. Diese Untersuchungen sind notwendig, weil man als medizinischer Laie viele Probleme gerade nicht frühzeitig erkennen kann.

Doch das ist nötig. Das Thema Sinnesfunktionen haben wir schon in Teil A angesprochen. Arbeitet insbesondere der Hörsinn oder der Sehsinn bei einem Kind nicht normal, dann ist es in der Schule notwendig benachteiligt. Das nehmen zwar auch die Routineuntersuchungen in den Blick, sodass basale Beeinträchtigungen bereits behandelt sein sollten. Brillen und Hörhilfen stehen zur Verfügung, bis hin zum Cochlea-Implatat für taub Geborene, deren Hörnerv nicht beschädigt ist (die Cochlea ist das Innenohr). Aber es sollte alles so früh wie möglich erfolgen, damit das Gehirn die dafür vorgesehenen Areale nicht anderweitig belegt.

Hör- und Sehvermögen können sich natürlich auch verschlechtern. Wenn ein Kind etwa zu spät eine Brille bekommt, hat es schon geraume Zeit hinter sich, in der es längst nicht alles wahrnehmen konnte, was ihm in der Schule geboten wurde. Das im Selbststudium auszugleichen, gelingt keineswegs jedem Kind.

Zudem wirken frühe Organschädigungen unter Umständen sehr viel länger nach, als man früher glaubte. Nur zwei Beispiele: Wurden Kinder vor Ende der 37. Schwangerschaftswoche, also nicht ausgreift, geboren, dann leiden sie oft noch Jahre später unter Aufmerksamkeitsstörungen. Das wies Nina Gawehn in ihrer Dissertation 2009 an der Ruhr-Universität Bochum nach. Das lässt sich durch eine individuelle Förderung der Aufmerksamkeit ausgleichen – aber die muss auch erfolgen.

Das zweite Beispiel sind Kopfverletzungen. Auch wenn ein Mensch dabei das Bewusstsein nicht verliert, erleidet er oft eine Gehirnerschütterung. Lange ging man davon aus, dass Gehirnerschütterungen in der Regel folgenlos ausheilen. Das stimmt offenbar doch nicht ganz, wie eine Arbeitsgruppe um Carsten Konrad aus Marburg 2011 nachwies. Zumindest junge Erwachsene lösen neuropsychologische Aufgaben noch sechs Jahre nach einer Gehirnerschütterung schlechter als andere, vor allem zu Aufmerksamkeit und Arbeitsgedächtnis.

Lassen Sie also jede Kopfverletzung nach allen Regeln der Kunst behandeln und gönnen Sie dem kindlichen Organismus die nötige Zeit, sich davon zu erholen. Und dem jugendlichen auch; schließlich befindet sich der in einer Zeit, in der sich das Gehirn so intensiv umbaut wie später nie wieder.

Gesundheit – Stellenwert in der Familie

Wenn ein Kind bei einem schweren Unfall bewusstlos wurde, dann kann das ernsthafte Schädigungen des Gehirns nach sich ziehen. Kopfverletzungen sind häufig: Über alle Altersgruppen werden in Deutschland jedes Jahr etwa 220 000 Schädel-Hirn-Traumen dokumentiert, von der leichten Gehirnerschütterung bis zum schwersten Trauma. Da sind viele Kinder und Jugendliche dabei.

Doch bis zu einem gewissen Grad kann man vorbeugen. Halten Sie sich deshalb an sämtliche Vorschriften zur Kindersicherheit im Auto, auch wenn Sie nur kurze Strecken fahren. Sorgen Sie für Unfallschutz beim Fahrrad fahren. Für das Jahr 2011 konnte die Deutsche Gesellschaft für Unfallchirurgie 2250 Fahrradunfälle nachweisen, von denen die amtliche Statistik nur 723 dokumentiert hatte. Bei jedem vierten Unfallopfer wurde der Kopf verletzt. Von denen hatten drei Viertel keinen Helm getragen, doch ohne Helm sind die Schädigungen deutlich größer.

Für Kinder und Jugendliche heißt das: niemals ohne Helm Fahrrad fahren. Glaubhaft einfordern können Sie das natürlich nur, wenn Sie sich selbst auch daran halten. Andernfalls ist Ihr Nachwuchs mit Recht überzeugt, helmfreies Fahrradfahren belege, dass man »groß« ist. Das gilt auch für sämtliche Sportarten, wo der Körper mit größerer Geschwindigkeit bewegt wird als beim Gehen und fallen kann, vom Ski fahren bis zum Reiten.

Für die Gesundheit ihrer Familie sind in erster Linie Sie als Eltern verantwortlich. Den Kinder- und Jugendarzt ziehen Sie für Spezialfragen hinzu. Die wichtigsten Wege dafür sind Hygiene, Impfen, Bewegung und Ernährung. Hygiene und Impfen verstehen sich von selbst. Bewegung und Ernährung sind die Kapitel 28 und 29 gewidmet.

Allerdings: Gesundheit ist kein Selbstzweck. Widmen Sie sich allzu verbissen ihrer Optimierung, dann kann das auch nach hinten losgehen: Sie könnten dabei leicht Ihre gute Laune verlieren. Sie könnten sogar Ihre seelische Gesundheit gefährden, ohne die es keine Gesamtgesundheit gibt (Kapitel 26). Und überhaupt: Wir wissen, was wir tun können, um uns im Großen und Ganzen gesund zu erhalten. Wenn Sie das entspannt und mit Genuss in die Tat umsetzen, befördert es nicht nur die Leistungsfähigkeit, sondern auch die Lebensfreude.

26. Seelische Gesundheit

Ein Arbeitskollege ist krank geschrieben, und in der Kantine wird erzählt, die Krankmeldung käme vom Psychiater; was denken Sie da? Ihre Stadt plant, in Ihrer privaten Nachbarschaft eine Rehabilitationsklinik oder eine Psychiatrie zu genehmigen; was würden Sie vorziehen? Ein großer Mordprozess geht durch die Presse; finden Sie es richtig, dass ein psychiatrisches Gutachten den Angeklagten für schuldunfähig erklären kann?

Nehmen Sie sich die Zeit, ein wenig ausführlicher über diese Fragen nachzudenken. Das dauert meist ein wenig, weil die Vorstellungen der meisten Menschen über psychische Krankheit ziemlich implizit sind. Trotzdem beeinflussen Ihre eigenen Vorstellungen darüber nicht nur, wie Sie mit sich selbst umgehen. Sie beeinflussen auch, wie Sie einem Menschen begegnen, der seelische Probleme hat. Auch wenn dieser Mensch Ihr eigenes Kind ist.

Seelische Probleme im Schulalter

Seelische Probleme treten nicht erst im Erwachsenenalter auf, sondern bereits bei Kindern und Jugendlichen. Sie beeinflussen immer das ganze Leben, also auch die Schule. Es ist auch keine kleine Minderheit: Mit der BELLA-Studie 2008 untersuchte das Robert-Koch-Institut die psychische Verfassung von gut 1800 12- bis 17-Jährigen. Unter diesen litten immerhin 6,6 Prozent – das ist jede/r Fünfzehnte – unter ernsthaften psychischen Problemen. Bei knapp der Hälfte waren die Symptome so ausgeprägt, dass man von Krankheit sprechen musste. Fast jede/r zehnte Jugendliche zeigte Symptome von Verhaltensstörungen, jede/r zwanzigste von Depressionen, jede/r fünfundzwanzigste von Ängsten; mit 2,2 Prozent am seltensten war die momentan »berühmteste« Kinderdiagnose Aufmerksamkeitsdefizit.

Längst nicht alle Eltern hatten das gemerkt. Das liegt daran, das man ein seelisches Problem nicht ohne Weiteres erkennt. Suchen Sie deshalb unbedingt Rat, wenn sich Ihr Kind plötzlich erheblich anders verhält als vorher, wenn es über starke Konzentrationsprobleme klagt, und vor allem dann, wenn es sich extrem zurückzieht. Der erste Ansprechpartner ist dann zuerst der Schulpsychologe, der zweite Ihre Kinder- und Jugendärztin.

Es wirkt sich unweigerlich in der Schule aus, wenn ein Kind oder ein/e Jugendliche/r psychische Probleme hat. Vielleicht mag er oder sie gar nicht mehr hingehen oder schwänzt hinter dem Rücken der Eltern. Wer trotzdem in die Schule geht, kann sich schlechter einbringen und einfügen, ist weniger konzentriert, fühlt sich seltener in der Klasse aufgehoben und erlebt seltener, etwas zu schaffen.

Ein stärkeres seelisches Problem ändert sich nicht durch Schimpfen oder durch den Appell, sich doch bitteschön zusammenzureißen. Es ändert sich auch nicht, wenn Sie dem Kind vorhalten, es fehle ihm doch an nichts, alles sei doch so gut geregelt, dass es gar keinen Anlass dafür gebe. Einem solchen Problem muss man professionell begegnen; das können approbierte Psychologen oder Psychiater, die auf Kinder und Jugendliche spezialisiert sind.

Drogen

Jugendliche experimentieren mit allem und jedem und halten sich für weitgehend unverwundbar. Das ist altersgemäß, aber es kann gefährlich werden. Insofern gehört Drogenkonsum zu den auffälligsten seelischen Problemen Jugendlicher. Woran denken Sie bei dem Wort *Droge*? An Heroin und Kokain? An Ecstasy, LSD oder Hirndoping vom Schwarzmarkt? Meinen Sie, die Polizei müsste härter durchgreifen?

Darüber kann man streiten. Es gibt allerdings gute Belege dafür, dass ein Verbot die Sache anheizt. Jugendliche könnten ja auch denken, dass die Erwachsenen es verbieten, weil sie ihnen den Kick nicht gönnen. Tatsächlich machen Marihuana/Cannabis, Heroin, Kokain und die beliebten Partydrogen nicht nur süchtig, sie töten auch gelegentlich. Dealer bieten sie systematisch Jugendlichen an und versprechen, ihnen völlig gefahrlos das ganz besondere Erlebnis zu verschaffen.

Die Moralkeule kann da nichts ausrichten. Stattdessen benötigen Jugendliche Aufklärung und Wissen über Drogen, und persönlich Stärke und Kompetenzen. Nur dann können sie die Versprechen als das sehen, was sie sind: leer und reine Taktiken zum Geldmachen. Drogenerfahrungen führen zu ähnlichen Verhaltensweisen wie andere seelische Probleme auch. Sie erfordern ebenfalls eine professionelle Behandlung.

Nikotin

Zahlenmäßig die meisten Probleme machen jedoch ohnehin die beiden legalen Drogen, die Nervengifte mit Suchtgefahr sind: Nikotin und Alkohol. Denen begegnen die Jugendlichen ständig. Nikotin macht sehr schnell süchtig, bei 13- bis 17-Jährigen genügen dafür bereits zwei Zigaretten am Tag.

Wer Pech hatte, war diesem Stoff bereits als kleines Kind passiv ausgesetzt: falls Sie selbst rauchten und das in der Wohnung taten. Passivrauch schadet der Gesundheit jedes Menschen, der eines Kindes besonders. Ein Zimmer in einer Raucherwohnung ist für Kinder ungefähr so gesund wie eine Raucherkneipe. Wenn Sie rauchen, hält Ihr Kind das für ein normales erwachsenes Verhalten. Es ist zwar klar, dass Aufhören für Raucher nicht so einfach ist; der größte Teil der Raucher ist nämlich süchtig. Trotzdem bewahren Sie Jugendliche am sichersten vor Nikotin, wenn Sie selbst nicht rauchen und frühzeitig darüber sprechen. In der Wohnung dulden Sie es am besten gar nicht.

Tatsächlich rauchen heute weniger Jugendliche als noch vor zehn Jahren. Anfang des Jahrtausends tat es mehr als jede/r vierte 12- bis 17-Jährige hierzulande regelmäßig. 2011 war es nur noch jede/r achte, wie die Bundeszentrale für gesundheitliche Aufklärung berichtet. Das liegt nicht nur daran, dass Zigaretten teurer geworden sind und der Zugang für Jugendliche erschwert wurde. Es liegt vor allem daran, dass sie inzwischen viel von ihrem positiven Nimbus eingebüßt haben. Die Ächtung der letzten Jahre hat also gewirkt: Es nützt, die Dinge geduldig neu zu bewerten.

Alkohol

Auch Koffein ist eine Droge. Es macht in der Regel nicht
süchtig, aber es kann Schlafstörungen verursachen. Haben
Sie deshalb auch immer ein kleines Auge auf diesen Stoff.

Bleibt die legale Droge Alkohol. Die allermeisten der 52
Millionen Erwachsenen zwischen 18 und 64 in Deutschland
trinken gelegentlich Alkohol, vor allem Bier und Wein.
Doch gerade diese beiden sind elementare Bestandteile der
europäischen Esskultur. Sie lassen sich nur um den Preis der
Esskultur als solcher abschaffen. Das kann niemand ernsthaft wollen. 2005 allerdings waren in Deutschland 1,3 Millionen Menschen alkoholsüchtig und weitere 2 Millionen
tranken häufig zu viel; damit sind Millionen Familien be-
troffen, auch zahlenmäßig ein ernstes Problem.

Jugendliche schaffen es nach wie vor mit einem Alkohol-
thema in die Schlagzeilen: Komatrinken. 2011 berichtete
fast jeder siebte 12- bis 17-Jährige, sich in den vergangenen
30 Tagen mindestens einmal einen schweren Rausch ange-
trunken zu haben. 2004 allerdings war es noch fast jeder
vierte, es hat sich also gebessert. Wer besonders viel ver-
trägt, ist auch besonders gefährdet, alkoholsüchtig zu werden. Die anderen hören nämlich früher auf.

Auf Alkohol wird man nicht so leicht süchtig wie auf Nikotin. Deshalb können Jugendliche lernen, kompetent mit
unserer »Kulturdroge« Alkohol umzugehen. Ein hervorra-
gendes Programm dafür stammt von Johannes Lindenmeyer und Simone Rost aus der Salusklinik in Lindow bei
Berlin. Sie haben es ausdrücklich für Schulen entwickelt. In
guter verhaltenstherapeutischer Manier vermittelt es nicht
einfach explizites Wissen, sondern implizite Erfahrung. Die
Jugendlichen experimentieren gemeinsam mit Alkohol, so
dass sie erleben, wie sich Alkohol auf ihre geistige Verfassung auswirkt. Sie üben außerdem, wie sie in bestimmten
Situationen »nein« sagen können.

Noch viel früher beginnt die grundsätzliche Vorbeugung, und die liegt bei Ihnen als Eltern. Wenn Kinder die eigenen Eltern immer wieder betrunken erleben, lernen sie implizit, dass Betrunkensein ein Merkmal des Erwachsenseins ist. Leben Sie Ihrem Kind also das Gegenteil vor: Erwachsen ist, wer mit der Droge Alkohol in Wein, Bier und Schnaps kompetent umgehen kann. Und selbstverständlich niemals Auto fährt, wenn er Alkohol im Blut hat.

27. Elektronische Medien und das Internet

Elektronische Medien sind Bestandteil des Alltags, Computer Massenware. Die meisten Erwachsenen surfen im Netz, zur Not mit dem Smartphone. Computer- beziehungsweise Onlinespiele, häufig von Gewalt und Pornografie durchsetzt, gehören zum gängigen Freizeitverhalten fast aller Altersgruppen. Tablet-Computer ersetzen teilweise das Buch. Die digitale Welt »macht Spaß« – und genau deshalb ist es unerlässlich, damit umgehen zu lernen.

Digitalien

Die Jugendlichen sind mit Computern aufgewachsen, man nennt sie deshalb auch *digital natives*, »digitale Eingeborene«. Wer Computer erst im Erwachsenenalter kennenlernte, ist dieser Idee gemäß nach »Digitalien« eingewandert. Die versteckte Botschaft: Die Kinder können es quasi von Natur aus, die »Immigranten« dagegen werden es nie wirklich lernen.

Das stimmt insofern ein wenig, als die Kinder die Benutzung implizit lernen (Kapitel 16), Erwachsene dagegen explizit. Gleichzeitig ist es Unsinn, schließlich wurden Computer und Netz von denen entwickelt, die angeblich nur eingewandert sind. Wir alle verbringen sehr viel Lebenszeit im Internet, professionell wie privat. Fast die Hälfte der deutschen Erwerbstätigen arbeitete 2011 grundsätzlich am und mit dem Computer, da kommt die Freizeit noch hinzu.

Und doch gibt es ein Problem. Alles, womit sich ein Mensch sehr lange und sehr intensiv beschäftigt, beeinflusst die Verschaltung im Gehirn und damit das Denken. Wir müssen deshalb einen Modus entwickeln, wie man mit diesen Medien menschengemäß umgeht, vor allem mit dem Netz und seinen Ge- und Missbrauchsmöglichkeiten. Das konnte sich in der kurzen Zeit, die es bisher existiert, noch nicht herausbilden.

Was Kinder und Jugendliche betrifft, so prallen in der Öffentlichkeit zwei Meinungen aufeinander: Auf der einen Seite gibt es die Warner, die befürchten, das Internet und seine Begleiterscheinungen ruiniere die Köpfe der Jugend. Die anderen neigen dazu, von den Kindern begeistert zu sein, die sich problemlos darin bewegen. Sie ziehen dann gerne den Schluss, die Computer machten denen so viel »Spaß«, dass man damit doch das Lernen »optimieren« sollte: E-Learning, Spiele, elektronische Tafeln, Tablet-Computer in der Schule. Ein Riesengeschäft, wie gesagt.

Interessanterweise berufen sich beide Seiten auf »die« Hirnforschung. Man kommt nicht umhin, das merkwürdig zu finden. Tatsächlich kann die jedoch gar nichts Substanzielles sagen, und zwar aus grundsätzlichen Gründen.

Die Frage zum E-Learning heißt nämlich wissenschaftlich: Lernen Menschen über elektronische Lehrmedien mehr als von echten Menschen? Dazu gibt es nur sehr wenige Studien, und sogar nur eine einzige Metaanalyse, die großen, statistisch sauberen Überblicksstudien. In der wurden Studenten untersucht, und die Effekte waren alles andere als beeindruckend. Als Ersatz für persönliche Lehre waren elektronische Lehrmedien nämlich schlicht nicht geeignet. Punkten konnten sie nur dort, wo sie Lehrer aus Fleisch und Blut ergänzten. Es scheint also auch in E-Learning-Zeiten unerlässlich, direkt von einem lebendigen Menschen unterwiesen zu werden, der über mehr Erfahrung und mehr Wissen verfügt als man selbst. Das entspricht genau dem, was man dem gesicherten entwicklungspsychologischen Wissen entnehmen könnte.

Sind Netz und Computer gefährlich?

Sind umgekehrt die Warnungen belegbar? Da sollten wir drei Aspekte auseinanderhalten: Gewalt einschließlich Pornografie, Computer- beziehungsweise Spielsucht und Bewegungsmangel.

Das dritte ist so banal wie sicher: Wenn sich Kinder und Jugendliche so lange am Computer aufhalten, dass die Bewegung darunter leidet, dann wirkt sich das negativ aus. Sie brauchen die Bewegung nämlich nicht nur, wie Erwachsene, um gesund zu bleiben, sondern auch, damit sich Muskeln, Knochen und alles außen herum überhaupt normal aufbauen (Kapitel 29). Das gerät fast notwendig ins Hintertreffen, wenn sie täglich mehrere Stunden vor dem Bildschirm sitzen. Dabei ist es ziemlich egal, ob der zu einem Fernseher oder zu einem Computer gehört.

Auch wenn in den Onlineforen geschimpft wird, die Ewiggestrigen würden nichts verstehen: Es gibt Menschen, die Netz und Computerspiele so dringend brauchen wie Alkoholiker den Schnaps. Wer »süchtig« nach Internet oder E-Spielen ist, verbringt viele Stunden täglich im Netz oder mit Spielen. Zur Sucht wird es erst, wenn noch mehr dazukommt: Hat er mehrere Tage gar keinen Zugang, denkt er an nichts anderes mehr, und die Zeit am Computer beeinträchtigt sein normales soziales Leben: Er isst nicht mehr richtig, bewegt sich viel zu wenig und vernachlässigt schon mal die Körperpflege. Andere Menschen kontaktiert er fast nur noch übers Netz, im persönlichen Umgang wird er schwierig.

Erst seit 2012 gibt es systematische Daten zur Internetsucht Jugendlicher. Zum einen untersuchte eine Arbeitsgruppe um Eva Duven von der Uniklinik Mainz 3967 Jugendliche in Rheinland-Pfalz. Demnach erfüllen 3,3 Prozent der 12- bis 18-Jährigen – alle Ortsgrößen und alle Schularten – die Kriterien für eine echte Internetsucht, gleich viele Mädchen wie Jungen. Viele weitere, vorwiegend männliche, Jugendliche erfüllen nicht die Kriterien für die Sucht, aber für missbräuchliches Verhalten. Diese Jugendlichen sind desto anfälliger für Stress, haben desto mehr emotionale Probleme und desto mehr Verhaltensauffälligkeiten, je näher sie an der Onlinesucht sind. 3,3 Prozent heißt: mindestens eine/r pro Klasse. Auf irgendeine Weise wird auch Ihr Kind damit konfrontiert sein.

Die zweite Studie stammt von Moritz Rosenkranz (Uni Hamburg) und Kay Uwe Petersen (Uni Tübingen). Sie stellten fest, dass 6,1 Prozent der 14- bis 17-Jährigen das Internet suchtähnlich nutzen. Diese Jugendlichen waren generell weniger zufrieden mit ihrem Leben als die anderen, insbesondere mit der Familiensituation. Sie fliehen hinter den Bildschirm, wenn sie das Klima in ihrer Familie als belastet erleben. Insofern können Sie als Eltern doch einiges in Sachen Computer beeinflussen, obwohl direkte Ermahnungen nachweislich wenig nützen. Es läuft indirekt, indem sich die Jugendlichen zu Hause wohlfühlen und genügend andere interessante Beschäftigungen haben.

Machen Computerspiele aggressiv?

Regelmäßig wird diskutiert, ob Gewaltspiele die Aggressionsbereitschaft Jugendlicher erhöhen. Regelmäßig plädieren die »Gamer« für nein, schließlich seien doch nicht alle Spieler aggressiv. Das ist ungefähr so unsinnig wie die Behauptung, Alkohol mache nicht aggressiv. Die vernünftige Frage kann nämlich nicht lauten: Wird jeder Spieler aggressiv? Die vernünftige Frage muss lauten: Verändert sich etwas bei Spielern, und gibt es Unterschiede zwischen gelegentlichen und Dauerspielern?

Empirisch sind drei Dinge belegt:

1. Je mehr Zeit ein Kind oder Jugendlicher mit Gewaltspielen verbringt, umso aggressiver ist seine Einstellung ganz allgemein. Nun zieht eine Einstellung nicht notwendig ein bestimmtes Verhalten nach sich. Aber sie bahnt es, schließlich handelt man selten gegen die eigene Einstellung. Und sie bahnt es umso nachhaltiger, je stärker sie ist.
2. Eine aggressive Einstellung erhöht die Spieldauer, und das macht die Einstellung wieder aggressiver (Nr. 1). Es besteht also die Gefahr eines Spiraleffekts.
3. Ein klein wenig steigt mit der Spieldauer sogar die faktische Neigung zur Gewalt. Ins Gewicht fällt, wenn die Jugendlichen nicht gelernt haben, Konflikte auf konstruktive Weise zu lösen.

Zunächst sollten sie also alle gewaltfreie Konfliktlösung lernen. Dann muss man fragen: Warum wollen sie Gewaltspiele spielen? Diese Frage ist eher therapeutisch. Und als Drittes: Spätestens mit zwölf haben einige männliche Jugendliche in der Klasse begonnen, sich Pornos aufs Smartphone zu laden. Wenn die auch noch gewalttätig sind, lernen sie implizit und damit nachhaltig, dass es normal ist, wenn Sexualität mit Gewalt gekoppelt ist. Bei Erwachsenen ist das auch nicht anders.

Kompetent mit dem Netz umgehen

Kinder und Jugendliche sind viel im Internet unterwegs. Sie finden das schön und kämen von sich aus nie auf Idee, dass daran irgendetwas gefährlich sein könnte. Insofern stellen sie naiv viele Infos über sich in sozialen Netzwerken online.

Leider blüht die Kriminalität im Netz, gerade sexuelle Gewalttäter suchen sich ihre Opfer regelmäßig über soziale Netzwerke; wichtige Internetadresse dazu: www.nur-einmausklick.info. Schon wegen dieses Themas müssen Kinder und Jugendliche lernen, das Netz nicht naiv, sondern klug und kompetent zu nutzen. Das ist zunächst dringende Aufgabe der Schule. Lernen heißt: wissen, was möglich ist, auch an Vernetzung und Herausfiltern von Informationen. Und üben, daran zu denken.

Die Internetkompetenz geht weiter: Wir können im Netz alles finden, doch mit »alles« kann das menschliche Gehirn nichts anfangen. Es braucht Ordnung und Struktur. Das Netz lässt sich nur von Leuten intelligent nutzen, die Kriterien dafür haben, wie sie unterscheiden können, was sinnvoll, plausibel und intersubjektiv nachvollziehbar ist und was doch eher Spekulation, Behauptung oder magische Idee. Das setzt voraus, dass man ein möglichst umfangreiches Basiswissen hat. Genau dafür ist die Schule da.

Ihnen als Eltern bleibt nichts übrig, als sich auch selbst mit dem Netz zu beschäftigen, ein Auge darauf zu haben, was Ihr Kind dort so alles tut, gegebenenfalls Sperren einzurichten und mit ihm darüber ständig in Kontakt zu sein.

28. Ernährung

In den Kapiteln 25 und 26 fehlen zwei Erkrankungen, die sich stark darauf auswirken, wie Kinder in der Schule zurechtkommen: Fettleibigkeit und Essstörungen. Beiden ist gemeinsam, dass sie etwas Lebensnotwendiges ins Extreme verschieben: das Essen. Beide sind historisch neu.

Wer gar nichts isst, überlebt nicht lange. Doch damit Kinder und Jugendliche körperlich wie geistig leistungsfähig sind, benötigen sie mehr als reines Überleben. Und sie brauchen Nahrungsmittel, die mehr bieten als Zucker und Fett.

Nährstoffe

Menschen bevorzugen Süßes und Fettes, und es lässt sich sogar leicht erklären, warum. Süße kommt in der Natur hauptsächlich in reifen Früchten vor, die sind nahrhaft und gefahrlos zu genießen. Fett hat nicht nur einen hohen Nährwert und sättigt deshalb gut; es bindet außerdem viele Geschmacksstoffe, sodass fettere Lebensmittel besser schmecken als fettarme.

Solange Menschen regelmäßig hungerten, gab es kein Problem mit der Vorliebe »Süß-und-Fett«. Das ist erst so, seit viel mehr Nahrung verfügbar ist als nötig. Wer sich heute auf kein gutes Sättigungsgefühl verlassen kann, isst tendenziell zu viel und wird dick, unter Umständen fettleibig. Trotzdem sind gerade übergewichtige Kinder oft mangelernährt. »Süß-und-Fett« steht nämlich heute für sehr viel Zucker und Fett in industrieller Nahrung. Die enthält wenig Vitamine, Spurenelemente und Ballaststoffe; doch genau die halten uns langfristig so gesund, dass wir körperlich und geistig fit sind.

Übersetzt auf Nahrungsmittel: Wir brauchen viel Gemüse und Obst, mehr Vollkorn- als Weißmehlprodukte, eher Olivenöl als Schweinefett, und für die Eiweißversorgung Hülsenfrüchte, Nüsse, Milchprodukte und Fisch. Fleisch ist in traditionellen Küchen Festessen und damit selten. Für eine gesunde Ernährung ist es nicht notwendig. Das ist erfreulich, denn die landwirtschaftliche Fläche der Erde reicht nicht aus, um die Weltbevölkerung mit Fleisch zu versorgen.

Um essen zu wollen, brauchen wir nichts darüber wissen: Die Natur beschert uns mehrfach täglich Hungergefühle und Essenslust – wie der Volksmund sagt, hält gutes Essen »Leib und Seele zusammen«. Wer allerdings eine Familie oder eine Schulmensa zu versorgen hat, sollte dabei eben doch an die Gesundheit denken. Missionsdrang schadet dabei allerdings. Auch gesundes Essen muss zuallererst die Essenslust befriedigen, womöglich sogar besser schmecken als »Süß-und-Fett«.

Wenn Sie sich und Ihre Familie nach heutigen Erkenntnissen nach den obigen Kurzregeln gesund ernähren, dann ist sie völlig ausreichend mit Nährstoffen versorgt. Dann sind Nahrungsergänzungsmittel aller Werbung zum Trotz fast immer überflüssig, gelegentlich sogar schädlich, von Vitaminen über Fischöl bis zu all dem, was auf den Namen »Brainfood« hört.

Gemeinsam essen

In vielen Familien sind die Tagesabläufe schlecht abzustimmen; dann geschieht das, was die Ernährungsforscher »Grasen« nennen: Wer essen will, geht an den Kühlschrank, holt sich etwas Passendes heraus und verspeist es. Alleine. Das mag zwischendurch nötig sein, als ständiges Verhalten schadet es. Man isst dabei tendenziell zu viel und genießt zu wenig. Außerdem kann Grasen den zirkadianen Rhythmus nicht als Zeitgeber unterstützen, was bei Jugendlichen der

Chronotyp-Verschiebung gegensteuern könnte (Kapitel 12 und 24).

Und drittens verliert Essen dabei seine psychischen Wirkungen. Die gemeinsame Mahlzeit ist Bestandteil jeder menschlichen Kultur. Mit anderen zusammen essen wir entspannter und genießen mehr, wir sprechen miteinander und versichern uns unserer Verbundenheit. Nicht umsonst gehört das gemeinsame Essen zu jedem Staatsbesuch und zu vielen Geschäftsabschlüssen. Beim Essen pflegen wir das menschentypische »Wir«. Versuchen Sie also, als Familie so häufig wie möglich gemeinsam zu essen.

Eröffnet wird der Tag mit dem Frühstück, und selbst das schmeckt besser, wenn man dabei nicht alleine ist. Auch nährstofftechnisch ist ein gutes Frühstück für jede/n Schüler/in nahezu unersetzlich. Wer frühstückt, ist in der Schule nachweislich aufmerksamer und kann sich mehr merken. Tatsächlich frühstückt jede/r dritte Jugendliche zwischen 11 und 15 nicht, je älter, umso seltener. Und sogar jedes fünfte Grundschulkind ging 2011 morgens ohne Frühstück aus dem Haus, wie die »Elefantenstudie« des Posoz-Instituts an 5000 Kindern ergab. Das ist gerade kein Beitrag zum Normalgewicht, wie die Universität Leipzig berichtet: Gerade die dickeren Kinder kommen mit leerem Magen in die Schule.

Das Mittagessen haben Sie als Eltern weniger in der Hand, weil es meist in der Schule stattfindet. Aber der Elternbeirat kann und muss mitreden, wenn es unregelmäßig ist oder der Nährstoffgehalt zu wünschen übrig lässt. Oder Sie selbst ergreifen die Initiative für Verbesserung. Eine gute Mensa, so Volker Peinelt von der Arbeitsgemeinschaft Schulverpflegung an der Hochschule Niederrhein, biete täglich Gemüse, Salat und Vollkornprodukte, öfter Fisch, niemals paniertes Fleisch, täglich ein vegetarisches Essen und als Nachspeise Milchprodukte oder Obst. Leider erfüllen nicht viele Mensen diese Anforderungen (www.ag-schulverpflegung.de).

Was das Abendessen betrifft, so hilft es dem guten Schlaf, wenn es nicht allzu habhaft ist. Schmecken sollte es sowieso. In der Schlafforschung spricht man gerne von der warmen Suppe, aber es können natürlich auch die Spaghetti oder die Pellkartoffeln mit Soße sein. Das norddeutschstrenge Abend»brot« braucht man nicht wörtlich zu nehmen.

Essen lernen – was soll das?

Das Bedürfnis nach Essen an sich ist angeboren und das nach »Süß-und-Fett« auch. Doch was uns an den vielen übrigen Geschmacksvarianten gut schmeckt, haben wir gelernt, und zwar implizit; die Vorlieben sind also tief eingeprägt und nur schwer zu ändern.

Und wie entstehen die Vorlieben für Geschmack? Es beginnt schon direkt nach der Geburt: Muttermilch enthält erheblich mehr Geschmacksstoffe als Flaschenmilch, nämlich diejenigen, die in der Nahrung der stillenden Mutter vorkommen. Deshalb kennt ein gestilltes Baby viel mehr Geschmacksarten als ein flaschengefüttertes, wie Thomas Ellrott feststellt, der das Institut für Ernährungspsychologie an der Universität Göttingen leitet. Kennen heißt: Es ist daran gewöhnt. Wer sehr früh nur intensiv schmeckende Nahrung wie Schokoladencreme, Pommes und geschmacksverstärkte Soßen kennengelernt hat, wird sich auch später nicht so einfach aus Vernunft für Äpfel, Kürbis und Naturreis begeistern. Egal wie gesund sie sind.

Kinder und Jugendliche mögen Essen, wenn sie seinen Geschmack kennen und daran gewöhnt sind. Dann nehmen sie billigend in Kauf, wenn es auch noch gesund ist. Selbst Kinder und Jugendliche, die von zu Hause eher einseitiges Essen gewöhnt sind, können umlernen. Besonders gut gelingt das, wenn sie selbst aus frischen Zutaten eine volle Mahlzeit zubereiten. Es gibt Schulen, wo sie das lernen können.

Falls Sie das an der Schule Ihres Kindes anregen wollen: Ellrotts Institut hat ein Schulkonzept entwickelt, das »Entdeckungsreise Essen« heißt. Es hilft Schulen, Kindern und Jugendlichen Kompetenzen in Sachen Nahrungsmittel und Zubereitung zu vermitteln und dabei Profiköche und Ernährungsfachkräfte einzubinden. Dass sie ihre eigenen Produkte dann gemeinsam genießen, ist zugleich Lohn und Ansporn für weitere Taten – und es entwickelt die Geschmacksnerven weg vom üblichen »Süß-und-Fett«. Die Entdeckungsreise steht im Netz unter www.ernaehrungspsychologie.org.

Zu dick oder zu dünn? Beides ungesund

Jedes zweite Mädchen und jeder dritte Junge unter den 15-jährigen Deutschen hielt sich 2011 für zu dick. Das ergab eine Studie der Universität Bielefeld im Auftrag der WHO. Damit liegen unsere Jugendlichen europaweit vorne. Die Folge: Vor allem die Mädchen machen reihenweise Diäten, und die Jungen holen auf. In diesem Jahr sahen 62 Prozent der Jugendlichen zwischen 12 und 17 die Fernsehsendung Germany's Next Top Model, wo regelmäßig klapperdürre Jugendliche als »zu dick« gebrandmarkt werden.

Fatalerweise ist etwa jede/r fünfte Jugendliche wirklich zu dick, also übergewichtig oder gar fettleibig. Übergewicht belastet seelisch, und langfristig macht es körperlich krank. Die Kardiologen schlagen bereits Alarm und die Diabetologen finden immer mehr zuckerkranke Kinder. Berechnet wird es über den »Body-Mass-Index«. Der ist völlig unhandlich, aber eingeführt: Man teilt das Körpergewicht in Kilogramm durch das Quadrat der Körpergröße in Metern. Normale 10-Jährige erreichen etwa 14,5, 18-Jährige gut 25. Wenn die Jugendlichen eine – erfolglose – Diät nach der anderen machen, dann wird das Problem schärfer; sie werden entmutigt und bleiben dick.

Ständige, teils extreme Diäten kennzeichnen den Gegenpol: Jugendliche mit Essstörungen, vor allem Bulimie oder Anorexie. Bulimie zeigt sich in »Fressattacken« – das ist binge-eating – mit anschließendem Erbrechen. Anorexie-Kranke fasten vor allem, erbrechen nur teilweise, viele treiben exzessiv Sport. Beides ist keine Marotte, bei der schön schlanke Jugendliche herauskommen. Es sind ernsthafte psychische Erkrankungen, und die Anorexie ist sogar lebensgefährlich: Jede/r Zehnte stirbt daran.

Unter Bulimie leiden etwa 3 Prozent der 14-Jährigen, unter Anorexie immerhin eine/r von 125, die Mädchen sind in der Überzahl. Information rund um Essstörungen finden Jugendliche und Eltern auf dem Portal www.proyouth.eu. Das ursprünglich von der Universität Heidelberg aufgebaute, jetzt europäische Portal bietet auch viele interaktive Möglichkeiten.

Erkundigen Sie sich spätestens dann näher, wenn Ihr Kind Diäten macht, Mahlzeiten auslässt und extrem viel Sport treibt, wenn es abgenommen hat und auffallend schlank ist, sich aber trotzdem ständig um die eigene Figur sorgt. Essstörungen bahnen sich langsam an, sie sind hartnäckig und sie erfordern professionelle Hilfe. Die beste Vorbeugung ist die Gleiche wie gegen Übergewicht: regelmäßig gut und gesund essen, am besten gemeinsam genießen.

29. Bewegung und Sport

Im Prinzip hat sich der menschliche Organismus seit vielen tausend Jahren nicht wesentlich geändert. Deshalb sind wir immer noch, wie Physiotherapeuten und Orthopäden gerne sagen, »Lauftiere«. So einem Wesen bekommt es nicht, den ganzen Tag zu sitzen, auch wenn das gemütlich ist. Dann leidet nämlich ziemlich schnell die körperliche Verfassung und die seelische später auch. Auf lange Sicht macht Bewegungsarmut bekanntlich richtig krank, Schlaganfall, Herzinfarkt, Diabetes, Demenz und so weiter. Doch auch der Qualität geistiger Arbeit tut sie nicht gut. In allen Altersgruppen.

Wie sich Kinder und Jugendliche bewegen

Wenn kleine Kinder sich verhalten dürfen, wie sie wollen, sind sie ständig in Bewegung. Je älter sie werden, umso mehr gleichen sie sich dem an, was in den reichen Ländern der Welt normal ist: Sie sitzen. Das liegt keineswegs nur an der bösen Schule, obwohl sie dort tatsächlich zu oft zu lange am Stück sitzen. Es liegt auch an ihnen selbst. Völlig freiwillig bringen sie es auf viele weitere bewegungslose Stunden: vor dem Bildschirm. Dort bewegen sie bestenfalls die Finger, beim Fernsehen nicht einmal das. Der Rest des Organismus ist eingefroren, oft in einer Körperhaltung, die schon bei Jugendlichen Schmerzattacken hervorruft.

Bewegen sich Kinder und Jugendliche in Deutschland tatsächlich zu wenig? Das ermittelte 2011 eine Arbeitsgruppe unter der Leitung der Bayreuther Sportprofessorin Susanne Tittlbach. Die Gruppe analysierte 2291 repräsentative Datensätze 11- bis 17-Jähriger aus der Kinder-Gesundheits-Studie des Robert-Koch-Instituts (KiGGS), auf die auch die BELLA-Studie von Kapitel 26 zurückgegriffen hatte.

Bei einem Teil der KiGGS-Teilnehmer war auch die körperliche Fitness getestet worden, Motorik-Modul hieß das, *MoMo*. Tittlbach und Kollegen teilten die Teilnehmer in fünf Aktivitätsgruppen ein, je nachdem, wie viele Stunden wöchentlich sie Sport trieben, Schule inbegriffen. Tatsächlich bewegte sich gerade mal ein knappes Viertel mit mehr als sechs Stunden wöchentlich gut, jeder Siebte relativ viel (vier bis sechs Stunden) und jeder Fünfte mittel (zwei bis vier Stunden). Doch mehr als 40 Prozent der Jugendlichen zeigten sich entweder weitgehend oder gar absolut untätig (maximal zwei Stunden leichte Bewegung).

Was haben Jugendliche gemeinsam, die sich mehr bewegen?

Die sportlicheren Jugendlichen erwiesen sich bei der MoMo-Prüfung als ausdauernder und kräftiger als die anderen, außerdem konnten sie ihre Gliedmaßen besser koordinieren. Überdies hatten sie auch persönlich die besseren Karten: Sie hatten ein besseres Selbstwertgefühl und waren zuversichtlicher, ihre eigenen Probleme angemessen lösen zu können. Allgemein fühlten sie sich sozial besser unterstützt und aufgehoben. Je mehr sich die Jugendlichen bewegten, desto weniger berichteten sie über emotionale Probleme, Stress mit Gleichaltrigen und psychosomatische Schmerzen. Das war so, ob die Eltern nun mehr oder weniger gebildet waren und mehr oder weniger wohlhabend – ungewöhnlich in Deutschland, wo doch so viel vom Sozialstatus der Eltern abhängt.

Ist Sport also ein Wundermittel? Das lässt sich einer Längsschnittstudie wie dieser nicht entnehmen. Es könnte ja auch sein, dass die stabileren Jugendlichen sich eher für Sport erwärmen. Die Entscheidung ist nur experimentell möglich: Man veranlasst Jugendliche dazu, mehr Sport zu treiben als zuvor, und prüft dann, ob sich die genannten Punkte ändern.

Das ist geschehen, und zwar häufig: Mal mit Grund-
schulklassen, mal mit Jugendlichen, mal gezielt mit Kindern, die zu dick sind. Sie wurden jeweils angehalten, mehr
Sport zu treiben als in der Schule, und zwar altersgemäß
eher Bewegung als Leistungssport. Grundsätzlich kommt
dabei heraus, dass sich Kinder und Jugendliche besser konzentrieren können, sobald sie sich mehr bewegen. Sie sind
auch insgesamt gesünder – bis hin zur Qualität der Arte-
rienwände.

Forscher um Serge Brand von der Psychiatrischen Uni-
versitätsklinik Basel baten 18-jährige Schülerinnen und
Schüler, drei Wochen lang in Tagebüchern aufzuzeichnen,
wie es ihnen erging. Ein Teil lebte wie immer, ein Teil joggte
täglich eine halbe Stunde vor Schulbeginn, ein weiterer Teil
trainierte dreimal wöchentlich abends eine ganze Stunde.
Zehn Tage blieb alles gleich – danach stiegt die Laune beider
Sportgruppen von Tag zu Tag. Die Laune der anderen blieb
gleich.

Bewegung und Schlaf

Ursprünglich hatten Serge Brand und Kollegen etwas anderes im Sinn als die Stimmung. Sie wollten wissen, ob es den
Schlaf beeinflusst, wenn sich Jugendliche mehr oder weniger bewegen. Das Ergebnis gibt einen Hinweis, auf welche
Weise die intensivere Bewegung die körperliche und seelische Verfassung Jugendlicher verbessern könnte. Die Teilnehmer der obigen Studie schliefen nämlich auch vor und
nach den drei Wochen im Schlaflabor, und sie schrieben auf,
wie sie ihren Schlaf selbst erlebten.

Tatsächlich verbesserten die drei Wochenstunden Bewegung die Ergebnisse im Schlaflabor: Je mehr sich die Jugendlichen verausgabten, umso kürzer lagen sie wach im
Bett. Subjektiv erlebten sie das auch: Sie empfanden ihren
Schlaf als besser und als erholsamer.

Zuvor hatte die Brand-Gruppe schon nachgewiesen, dass jugendliche Schweizer Semiprofi-Sportler – einmal Fußballer, einmal Teilnehmer von Olympiaklassen – deutlich besser schlafen als Gleichaltrige, die ansonsten ähnlich waren. Die Sportler verbrachten viel mehr Zeit im Tiefschlaf und schliefen auch subjektiv besser. Zusätzlich waren sie besser gelaunt und konnten sich besser konzentrieren.

Warum Jugendliche Sport treiben

Besser arbeiten, besser gelaunt und gesünder sein, besser schlafen durch Sport und Bewegung: Solche Sätze klingen immer ein wenig nach Predigt. Doch Predigten veranlassen Jugendliche ganz sicher nicht dazu, ihr Verhalten zu ändern, genauso wenig wie Erwachsene. Trotzdem würde es ihnen gut tun, wenn sie es täten. Wie also überzeugt man sie?

Professor Tittlbach und ihre Kollegen haben auch das analysiert: Tatsächlich sagen die sportlicheren Jugendlichen von sich aus kein Wort über Gesundheit. Die ist für sie kein Grund, sich zu bewegen. Sie berichten vielmehr, dass Sport und Bewegung für sie einfach wunderbare Freizeitbetätigungen sind. Sie wollen das tun, weil sie dabei eigene Kompetenzen erleben und das Gefühl, etwas geschafft zu haben. Auch wenn das Training gelegentlich mühsam war – das Fußballspiel, der Wettbewerb, der Berggipfel, der stiebende Schnee, die elegante Bewegung machen es vergessen.

Die Motivation liegt in der Sache selbst. Es ist die Freude an der Bewegung und am eigenen Körper. Diese Freude kann sich nur erhalten, wenn Ihr Kind verschiedene altersgemäße Bewegungsformen gut kennenlernt und trainiert. Es kann die auswählen, die am besten zu ihm passen. So bleibt nicht nur die Freude an der Bewegung zeitlebens erhalten, sondern auch ein Bedürfnis danach. Bewegung ist auch ein angenehmes Kontrastprogramm für die Pausen in seinem Schul- und Arbeitsalltag. Dass die Bewegung nebenbei späteren Zivilisationskrankheiten vorbeugt, nicht zuletzt der Demenz, ist ein Nebeneffekt, den es viel später erfreut erkennen wird.

Ob Ihr Kind sich informell mit Freunden bewegt, in einer Arbeitsgemeinschaft oder einer Neigungsgruppe der Ganztagsschule oder im Sportverein, ist unerheblich. Hauptsache, Sie als Eltern unterstützen es dabei. Das überzeugt natürlich mehr, wenn Sie selbst häufiger mit dem Fahrrad als mit dem Auto fahren und wenn Ihre eigene Freizeit mehr von Bewegung geprägt ist als vom Bildschirm.

30. Erwachsen werden

Es waren ausgerechnet die Referendare eines renommierten Münchner Gymnasiums, wo ich kürzlich eine Lehrerfortbildung über Lernen und Gedächtnis hielt. Diesen Jüngsten im Kollegium brannte die Frage unter den Nägeln: »Ist die Pubertät eine Wissensbremse?« Sie arbeiteten begeistert mit den 10- bis 12-Jährigen und betrachteten es als Ehre, in der Oberstufe unterrichten zu dürfen. Bei den pubertierenden Jugendlichen aber landeten sie nur begrenzt.

Sie waren selbst erst Mitte 20, doch in die Haltung der Mittelstufenschüler konnten sie sich nicht mehr hineinversetzen. Tatsächlich liegen die Referendare mit ihrer Vermutung nicht ganz falsch, wenn man die Sache einfach körperlich betrachtet: Nie meldet sich die Biologie so massiv zu Wort wie in der Pubertät. Die Jugendlichen müssen sich damit auseinandersetzen, dass sie nicht mehr einfach wachsen, sondern sich körperlich erheblich verändern. Sie werden zu

Männern und Frauen; eben erwachsen. Das kostet Energie und fordert viel Zeit; in der kann man nicht lernen.

Selbstkonzept und Identität

Identität oder Selbstkonzept umfasst all das, wie ein Mensch sich selbst wahrnimmt, erlebt und einschätzt. Man unterscheidet einen eher gefühlsmäßigen und einen eher kognitiven Aspekt. Der kognitive umfasst das, was ich über mich weiß, der emotionale das, wie ich mich in der Welt fühle: Dazu gehören vor allem das *Selbstvertrauen* – was ich mir zutraue – und das *Selbstwertgefühl*, das in diesem Buch schon mehrfach aufgetaucht ist.

Dieses Selbstkonzept ändert sich im Verlauf der Pubertät erheblich. Jugendliche stellen ihr bisheriges Selbstverständnis aktiv infrage und setzen sich damit auseinander, wer sie sind, wie sie sind und – völlig neu – wie sie sein wollen. Sie lernen, dass sie verschiedene Seiten ihrer selbst zeigen und erleben können, je nachdem, in welcher sozialen Gruppe sie sich gerade bewegen.

Die Pubertät ist nach dem Beginn des Lebens der zweite Zeitabschnitt, in dem sich der gesamte Organismus vollständig umbaut. Nicht nur nehmen Sexualorgane ihre »erwachsene« Arbeit auf, das ganze Gehirn baut sich um. Und das Frontalhirn beginnt erst jetzt ernsthaft Fahrt aufzunehmen und auszureifen.

Das wirkt sich vielfach im zwischenmenschlichen Bereich aus. Auf der Verhaltensebene wird allmählich echte Empathie möglich. Empathie heißt: sich einfühlen, ohne angesteckt zu werden. Kinder leiden noch wirklich mit, sie weinen sogar mit, wenn es jemandem schlecht geht. Jugendliche beginnen, Empathie zu lernen. Das setzt voraus, dass sie ihre eigenen Gefühle »regulieren« können. Wer das kann, kennt seine Gefühle, muss sie aber nicht ausagieren. Er oder sie kann sich selbst beruhigen und kennt Wege, sich nicht von Gefühlen überwältigen zu lassen. Das dauert eine Weile, und deshalb gibt es Zeiten, in denen sich Jugendliche so ungerührt wie irgend möglich geben.

Viele Menschen neigen dazu, Konflikte durch Gewalt und Machtausübung zu beenden. Sie können aber auch versuchen, aufeinander einzugehen und ihre Konflikte dadurch zu lösen. Dieser zweite Weg hält Verletzungen klein, nur er ermöglicht wirkliche Gemeinsamkeit. Aber er ist schwieriger, weil er voraussetzt, dass die Betroffenen kompetent mit ihren eigenen Emotionen umgehen können. Konstruktive Konfliktlösung erfordert Übung, die Sie sich auch als Eltern vornehmen können, mit diesem Kind, aber auch sonst mit den Familienmitgliedern. Eine Möglichkeit finden Sie in dem Buch von Marshall Rosenberg. Auf dessen Methoden beruhen auch die meisten Streitschlichtungsprogramme für die Schule, die es schon für 10-Jährige gibt, etwa das von Karin Jefferys-Duden. Die Bücher finden Sie in der Literaturliste.

Welchen Weg Ihr Kind bevorzugt, hat einerseits mit dem sozialen System Schule und seinem Freundeskreis von Gleichaltrigengruppen zu tun. Es hängt aber andererseits auch davon ab, welche Art von Konfliktlösung es in den Jahren zuvor zu Hause erlebt und implizit als das »Normale« erfahren hat. Wenn Sie also darauf verzichtet haben, mit einer gewissen Gewalt Macht auszuüben – von verbalen Demütigungen bis zu körperlicher Gewalt –, dann haben Sie gute Chancen, dass Ihr Kind konstruktive Wege des Zusammenlebens für normal hält und sie gut lernt. Pubertäre Kämpfe mit den Eltern zur Selbstfindung werden trotzdem stattfinden.

Liebe und Sexualität

In der Pubertät verändern sich die Jugendlichen dramatisch, und irgendwie müssen sie das produktiv in ihr Selbstbild einpassen. Das betrifft nicht nur Kognitives und Emotiona-

les. Mit der körperlichen Veränderung entwickeln sie völlig
neuartige Bedürfnisse nach Liebe und Sexualität.

Diese Bedürfnisse werden heute nicht mehr brutal unterdrückt wie noch in der ersten Hälfte des 20. Jahrhunderts.
Liebesbeziehungen verschiedener Intensität sind heute für
Jugendliche normal, und das ist nicht nur statistisch gemeint. Zur Hauptbeschäftigung dürfen sie allerdings nicht
werden, weil das Schulprobleme nach sich zieht. Wohlge-
merkt: Liebesbeziehungen. Junge Leute sagen das auch,
wenn man sie fragt, allen Internet-Pornoerfahrungen zum
Trotz.

Im Gegensatz zu traditionellen Gesellschaften kann die
erste Liebesbeziehung auch für Mädchen nicht mehr mit
der Familiengründung zusammenfallen, weil die tendenziell erst mit 30 erfolgt. Insofern entwickeln Jugendliche
ihre Sexualität heute notwendig anders als in früheren Zeiten. Zu Konflikten kommt es, wo Erwachsene das nicht
verstehen. Doch die werden seltener.

Mädchen und Jungen wissen heute in der Regel gut darüber Bescheid, was körperlich geschieht, wenn sie sexuell
reifen. Diese Information sollte die Schule zur Verfügung
stellen und damit auch nicht allzu lange warten. Schließlich
holen sie schon 12-Jährige aus dem Netz, im schlechteren
Fall mit der Pornografie und der Gewalt im Huckepack.
Eine Webseite ohne diese gefährlichen Nebeneffekte ist
sextra.de.

Trotz schulischer Aufklärung sind entspannte Eltern immer noch eminent wichtig. Wenn Jugendliche auf sexuellem
Gebiet gut informiert sind, stolpern sie viel seltener in zu
frühe oder gefährliche Liebschaften. Sie sind auch weniger
gefährdet, wenn sie sexuelle Aktivität nicht als Protest gegen ihre Eltern einsetzen brauchen. Je besser Jugendliche
Bescheid wissen, umso verantwortlicher gehen sie auch mit
der Verhütung um. Inzwischen sind die Eltern, vor allem
die Mütter, auch diejenigen, die ihre Kinder über Verhü-

tungsmittel aufklären, vor allem die Töchter, aber auch die Söhne.

Kunst und Kultur

Wir Menschen sind Gruppenwesen. In jeder Gruppe haben Kinder einen Sonderstatus und beim Erwachsenwerden geht es nicht zuletzt darum, seine eigene Rolle in der Gruppe zu finden. In der zeitgenössischen europäischen Kultur ist das schwieriger denn je. Schließlich ist man als Erwachsene/r einerseits in vielen Gruppen unterwegs, nimmt also viele verschiedene Rollen ein. Andererseits müssen sich alle in ökonomischen Zusammenhängen zurechtfinden und sich inzwischen ständig als Person neu erfinden.

Wir haben die Welt so eingerichtet – nicht die Jugendlichen –, dass sich alles viel schneller ändert als noch vor 50 Jahren. Deshalb hat die Lehre fürs Leben ausgedient. Doch trotz aller technischen Veränderung leben wir in einer Kultur, die sich zwar ständig verändert, aber gleichzeitig in einer langen Geschichte wurzelt. Wer die nicht kennt und sich mit ihr nicht auseinandersetzt, wird geistig in der Luft hängen und zu nichts anderem in der Lage sein, als zu konsumieren.

Zur Kultur gehört nicht nur die Sprache. Es gehört auch dazu, wie wir uns bewegen, wie wir essen, wie wir uns selbst wahrnehmen und miteinander umgehen, wie wir die Welt und uns als Menschen darin sehen und wie wir Wissen handhaben. Zentraler Bestandteil der Kultur ist, was heute gerne als ökonomisch unwichtig betrachtet wird: die Kunst. Die reicht von der Religion bis zur Philosophie, von der Architektur bis zur Skulptur, von Schauspiel und Film bis zur Oper, von Dichtung über Malerei bis zur Musik. Kultur ist der wichtigste Kitt, der größere Gruppen zusammenhält.

Wer ein erwachsenes Selbstkonzept erreichen möchte, benötigt deshalb auch einen Zugang zur eigenen Kultur über die Kunst. Lassen Sie es sich also nicht bieten, wenn an den entsprechenden Fächern in der Schule gespart wird. Mindestens zwei Künste sollten Kinder auch selbst erkunden, ohne dass der Gedanke an eine Berufsausbildung das überlagert: malen und musizieren. Beides führt dazu, dass sie diese Künste als Erwachsene besser genießen können, und damit ihre eigene Kultur.

Musizieren erfordert überdies Üben, und das macht nicht immer »Spaß«; beim Musizieren üben Kinder und Jugendliche nebenbei mit, sich zu konzentrieren und Frustration auszuhalten. Dennoch erleben sie schnell, dass ihre Kompetenzen wachsen, und wenn sie öffentlich vorspielen, zeigen sie das auch. Insofern ist das Projekt in Nordrhein-Westfalen »Jedem Kind ein Instrument« ein wunderbarer Weg, allen unseren Kindern einen eigenen Zugang zur Kultur zu ebnen. Zu der Kultur, die ihre eigene erst wird – oder auch zu den Kulturen. Oder wie Faust sagt: »Was du ererbt von deinen Vätern, erwirb es, um es zu besitzen.« Natürlich stammt das Erbe auch von den Müttern. Dieses kulturelle Erbe »besitzen« macht geistig frei.

Ausblick

Es dauert, bis ein Kind geistig wie ökonomisch auf eigenen Beinen steht. So lange haben die Erwachsenen seiner Umgebung die Aufgabe, sein körperliches und geistiges Wachsen zu fördern. Grundsätzlich stehen dabei an erster Stelle Sie, seine Eltern. Doch bei der Bildung geben Sie den größten Teil ab, an die Schule und ihre Lehrkräfte.

Wie Sie Ihr Kind dennoch im Hintergrund so unterstützen können, dass ihm die Schule leichter fällt, war Thema dieses Buches. Auf dieser Basis erwirbt es die nötigen Kompetenzen entspannter, sicherer und nachhaltiger. Trotzdem kann immer etwas völlig anders laufen, als Sie sich das vorgestellt haben. Das ist kein Grund, sich in Selbstzweifel zu stürzen, auch keiner, andere verantwortlich zu machen, etwa die Lehrer. Manchmal ist es ein Grund, professionelle Hilfe in Anspruch zu nehmen. Häufiger aber ist es wie bei einer schlechten Mathematiknote: Man muss etwas tun. Es kann sich bereits grundlegend etwas verbessern, wenn Sie persönlich Ihre eigene Strategie in dem einen oder anderen Punkt ändern.

Es könnte sein, dass Sie in diesem Buch einige solche Punkte gefunden haben – vielleicht zum Thema Üben oder Aufgabenbearbeiten, vielleicht zum Auswendiglernen oder Sich-Konzentrieren, vielleicht zu Licht oder Geräuschen, vielleicht zum Schlaf. Oder zu etwas anderem oder zu allem auf einmal.

Denken Sie darüber nach, sprechen Sie mit anderen Eltern und mit den Lehrern Ihres Kindes. Notieren Sie, welche Änderungen Sie sich vorstellen können. Aber nehmen Sie sich nicht vor, alles auf einmal zu ändern. Das ist nicht möglich, weil es sich meist um Gewohnheiten handelt, und die sind implizit gelernt. Am besten gelingt Veränderung, wenn Sie klein anfangen. Besonders einfach wäre etwa ein guter Schreibtisch mit einer perfekten Beleuchtung. Danach könnten Sie vielleicht einplanen, regelmäßiger gemeinsam zu Abend zu essen. Oder Sie sprechen mit der Lehrerin, mit deren Fach Ihr Kind Probleme hat. Der machen Sie keine Vorwürfe, sondern besprechen, was Sie tun können. Oder Sie schauen sich einmal das Klassenzimmer Ihres Kindes an – wie gut könnten Sie dort geistig arbeiten?

Beginnen Sie immer mit dem Punkt, der Ihnen am leichtesten erscheint. Danach können Sie weitere hinzufügen. Fangen Sie einfach an und probieren Sie es aus. Es ist wie immer: Je größer Sie den Berg aufhäufen, den Sie ändern wollen, umso sicherer bleibt alles, wie es ist. Und je einfacher eine Neuerung erscheint, umso mehr Erfolgserlebnisse haben Sie. Die beflügeln und bringen Sie auf weitere gute Ideen.

Und wenn Sie eine Frage haben: Schreiben Sie mir über meine Webseite www.barbara-knab.de

Literatur

Dieses Buch stützt sich auf Ergebnisse der wissenschaftlichen Forschung. Wenn Sie etwas davon vertiefen möchten, finden Sie die Liste mit der rein wissenschaftlichen Literatur auf meiner Webseite www.barbara-knab.de/buecher. Sie können sie als PDF-Datei herunterladen. Die folgende Liste beschränkt sich deshalb auf allgemein zugängliche, verständliche Bücher in deutscher Sprache.

Deutschsprachige Literatur zum Weiterlesen

Beutelsbacher, Albrecht: Kleines Mathematikum. Die 101 wichtigsten Fragen und Antworten zur Mathematik. C.H. Beck Verlag, München, 2010

Dresler, Martin (Hrsg.): Kognitive Leistungen. Intelligenz und mentale Leistungen im Spiegel der Neurowissenschaften. Spektrum Akademischer Verlag, Heidelberg, 2011

Elschenbroich, Donata; Schweitzer, Otto: Die andere Bildung in den Ferien. Schweitzer F&V Filmproduktion, Verlag das Netz, 2012

Felten, Michael: Auf die Lehrer kommt es an! Für eine Rückkehr der Pädagogik in die Schule. Gütersloher Verlagshaus, Gütersloh, 2010[2]

Gegenfurtner, Karl R.: Gehirn und Wahrnehmung. Eine Einführung. Fischer TB Verlag, Frankfurt/Main, 2011

Hacke, Axel: Der weiße Neger Wumbaba. Kleines Handbuch des Verhörens. Verlag Antje Kunstmann, München, 2004

Hagen, Mechthild: Förderung des Hörens und Zuhörens in der Schule. Vandenhock und Rupprecht, Göttingen, 2006

Hasler, Felix: Neuromythologie. Eine Streitschrift gegen die Deutungsmacht der Hirnforschung. Transcript, Bielefeld, 2012

Jefferys-Duden, Karin: Das neue Streitschlichterprogramm – Trainingsheft 5. bis 10. Klasse. Persen Verlag in AAP Lehrerfachverlag, Buxtehude, 2012[6]

Kersting, Mathilde (Hrsg.): Kinderernährung aktuell. Schwerpunkte für Gesundheitsförderung und Prävention. Umschau Zeitschriftenverlag, Sulzbach/Ts., 2009

Knab, Barbara: Das Gedächtnis. Die etwas andere Gebrauchsanweisung. Verlag Herder, Freiburg, 2010

Knab, Barbara; Förstl, Hans: 99 Tatsachen über Ihr Gedächtnis. Wie es funktioniert, was es leistet, wie Sie es schützen und stärken. Trias Verlag, Stuttgart, 2008

Lindenmeyer, Johannes; Rost, Simone: Lieber schlau als blau – für Jugendliche. Ein Präventionsprogramm für die Schule. Mit CD-ROM. Beltz, Weinheim, 2008

Markowitsch, Hans J.: Das Gedächtnis. Entwicklung, Funktionen, Störungen. Beck Wissen, München, 2009

Metzig, Werner; Schuster, Martin: Lernen zu lernen. Lernstrategien wirkungsvoll einsetzen. Springer Verlag, Berlin, 2009[9]

Neubauer, Aljoscha; Stern, Elsbeth: Lernen macht intelligent. Warum Begabung gefördert werden muss. Deutsche Verlagsanstalt, Frankfurt/Main, 2007[2]

Richard, Rainer; Krafft-Schöning, Beate: Nur ein Mausklick bis zum Grauen. Jugend und Medien. Vistas Verlag, Berlin, 2007

Rosenberg, Marshall B.: Konflikte lösen durch Gewaltfreie Kommunikation. Ein Gespräch mit Gabriele Seils. Verlag Herder, Freiburg, 2011[14]

Rost, Detlef H.: Intelligenz. Fakten und Mythen. Beltz, Weinheim, 2009

Roth, Gerhard: Bildung braucht Persönlichkeit. Wie Lernen gelingt. Verlag Klett-Cotta, Stuttgart, 2011

Schönberger, Gesa; Krekel, Sigrid: Dicke sterben. Dünne auch. Vom Verdruss zum Genuss. Neuer Umschau Buchverlag, Neustadt/Weinstraße, 2009

Schönhammer, Rainer: Einführung in die Wahrnehmungspsychologie. Sinne, Körper, Bewegung. UTB facultas, Wien, 2009

Schredl, Michael: Traum. UTB Ernst Reinhardt, München, 2008

Schulz von Thun, Friedemann; Krumbier, Dagmar (Hrsg.): Impulse für Kommunikation im Alltag. Rowohlt Verlag, Reinbek, 2010[2]

Suhr-Dachs, Lydia; Döpfner, Manfred: Leistungsängste. Therapieprogramm für Kinder und Jugendliche mit Angst- und Zwangsstörungen (THAZ). Band 1. Verlag Hogrefe, Göttingen, 2005

Tomasello, Michael: Warum wir kooperieren. Suhrkamp Verlag, Berlin, 2012

Wolfrum, Christine; Süß, Peter: Liebe, Sex und mehr. Alles, was ihr wissen wollt. Deutscher Taschenbuch Verlag, München, 2008

Zulley, Jürgen; Knab, Barbara: Wach und fit. Mehr Energie, Leistungsfähigkeit und Ausgeglichenheit. Mabuse Verlag, Frankfurt/Main, 2009

Register

Anmerkung: Wörter, die ständig vorkommen, sind nicht aufgenommen, wie Leistung, Lehrer, Eltern, Psychologie, Unterricht etc.